市场营销理论与策略

何 军 著

吉林出版集团股份有限公司
全国百佳图书出版单位

图书在版编目（CIP）数据

市场营销理论与策略 / 何军著 . -- 长春：吉林出版集
团股份有限公司，2022.7
　　ISBN 978-7-5731-1837-0

　　Ⅰ . ①市… Ⅱ . ①何… Ⅲ . ①市场营销学 Ⅳ .
① F713.50

中国版本图书馆 CIP 数据核字 (2022) 第 145301 号

SHICHANG YINGXIAO LILUN YU CELUE
市场营销理论与策略

著　　者　何　军
责任编辑　杨　爽
装帧设计　中　图

出　　版　吉林出版集团股份有限公司
发　　行　吉林出版集团社科图书有限公司
地　　址　吉林省长春市南关区福祉大路5788号　邮编：130118
印　　刷　长春新华印刷集团有限公司
电　　话　0431-81629711（总编办）
抖 音 号　吉林出版集团社科图书有限公司　37009026326

开　　本　787 mm×1092 mm　1 / 16
印　　张　13.25
字　　数　200 千
版　　次　2022 年 7 月第 1 版
印　　次　2022 年 7 月第 1 次印刷

书　　号　ISBN 978-7-5731-1837-0
定　　价　68.00 元

如有印装质量问题，请与市场营销中心联系调换。0431-81629729

目　　录

第一章 市场营销学概念

第一节 市场和市场营销的基本概念

一、市场及其相关概念

（一）市场的演变及含义

市场是社会分工和商品经济的产物，是随着社会分工和商品生产、商品交换的产生与发展而变化的。人类出现了交换活动，市场才逐渐开始产生。因此，最早的市场的概念是指买方和卖方聚集在交换各自货物的场所。这时，我们把市场理解为商品交换在空间上的表现形式。

随着社会生产力的发展，社会分工越来越细，商品交换日益丰富，交换形式越来越复杂。市场的概念已不再局限于原有时间与空间的限制，而是演变为一种范围更广、含义更深的全新的概念。

首先，从宏观角度来认识，市场包含了全社会各个领域的所有交换关系，表现为一种总供给与总需求的关系。其交换内容可以是有形的，如商品市场；也可以是无形的，如服务市场。

其次，从微观角度来认识，市场与企业的交换活动密切相关，是某种商品或服务的微观市场，它已经摆脱了"交易场所"的限制，交易场所仅成为微观市场中的一个环节。

最后，人们对现代市场概念已改变了以往视市场为"某一特定地点或场所"的认识，开始视市场为"流动着的消费者群体"。这一认识的改变，极大地拓展了营销人员的视野，为企业开辟了更为广阔的营销活动空间。

那么，究竟什么是市场呢？市场是个含义广泛的概念，随着商品经济的不断发展，其内容也不断丰富和充实，在不同的环境下有不同含义，可概述如下：

（1）市场是商品交换的场所。它是指买卖双方购买和出售商品，进行交易活动的地点和地区。作为商品交换场所的市场，对每个企业来说都很重要，每个企业都必须要了解哪里是本企业商品的市场。

（2）市场是对某种商品或劳务具有需求、支付能力和希望进行某种交易的人或组织。这里所说的市场是指有购买欲望、购买力和通过交易达到商品交换，使商品或劳务发生转移的人或组织，而不是场所。

（3）市场是某项商品或劳务的所有现实和潜在购买者。这是指市场除了有购买力和购买欲望的现实购买者外，还包括暂时没有购买力或是暂时没有购买欲望的潜在购买者。这些潜在购买者，一旦条件有了变化，其潜在需求就会转变成现实需求。对企业来说，明确现实和潜在市场，其需求量多少，对正确制订生产和市场营销决策具有重要意义。

（4）市场是商品交换关系的总和，这个含义有利于关系营销学的建立。交换关系既包括商品在流通领域中进行交换时发生的关系，又包括商品在流通过程中促进或发挥辅助作用的一切机构与商品的买卖双方之间的关系。这个概念是从商品交换过程中人与人之间经济关系的角度定义的。

从市场营销学的观点来看，以上市场的概念是从各个不同的角度阐述的，互相之间并不矛盾。因此，企业要全面理解市场的含义，这对企业的生产、经营、营销具有重要的意义。

（二）市场的构成要素

市场是由各种基本要素组成的有机结合体，这些要素之间的相互联系和相互作用，决定了市场的形成，推动着市场的快速发展。

从宏观或总体角度观察，市场主要包括以下要素：

（1）一定量的可供交换的商品。这里的商品既包括有形的物质产品，又包括无形的服务以及各种商品化的资源要素，如资金、技术等。

（2）向市场提供商品的卖方。

（3）有货币支付能力及商品需求的买方。商品交换必须寻找到既有需求又具备支付能力的购买者，否则商品交换无法完成。

宏观市场只是组织市场营销活动的市场环境，而微观市场的构成则包括人口、购买欲望、购买力三个因素：

（1）人口。构成市场的人口因素包括总人口、性别和年龄结构、民族与宗教信仰、职业和文化程度、地理分布等多种具体因素。

（2）购买欲望。购买欲望是指消费者购买商品的动机、愿望和要求。购买欲望是把消费者的潜在购买力变为现实购买力的重要条件，也是市场不可缺少的构成因素。

（3）购买力。购买力是指人们支付货币购买商品或劳务的能力。在人口状况既定的条件下，市场的大小直接取决于购买力的高低，购买力受到个人收入、消费结构等因素的影响。

人口、购买欲望、购买力三者相互联系、相互制约，共同构成了微观市场。这种微观市场是市场营销学关于市场研究的重点所在。对于现实有效的市场，人口、购买欲望和购买力三个因素缺一不可，可以用简单的公式概括：市场 = 人口 + 购买欲望 + 购买力。

（三）市场的类型

根据不同的分类标准，可以将市场分为不同的类型，而根据不同类型市场的特点，可以制订不同的营销策略。

1. 按照市场主体地位分类

（1）卖方市场。卖方市场是指卖方处于支配地位，即市场在具有压倒性优势的卖方力量的控制下运行。其表现是市场上商品供应量少于需求量，交易条件有利于卖方，买方形成竞相购买的态势。

（2）买方市场。买方市场是指买方处于支配地位，即市场在具有压倒性优势的买方力量的控制下运行。其表现是市场上商品供应量超过需求量，买方有更大的挑选商品的范围和机会，卖方则由此展开竞争。

2. 按照市场的地理位置或空间范围分类

（1）国内市场。国内市场是指一国范围内商品或劳务发生交换的场所，是一定时期内国内商品交换关系的总和。国内市场的商品供求总量和供求结构对本国经济发展状况具有决定性作用。

（2）国际市场。当商品和劳务在国与国之间流通，构成国际之间的交易行为时，国际市场就随之形成。国际市场受国际政治、经济等多种因素影响，结构复杂，竞争激烈，变化多端，与国内市场相比更为复杂。

3. 按照购买者需求内容和目的分类

（1）消费者市场。消费者市场指消费者为满足个人或家庭生活消费需要而购买生活资料或劳务的市场，又称生活资料市场。消费者市场具有市场广阔、人数众多、购买频繁、分散、少量多样等特点，属于最终消费市场。

（2）生产者市场。生产者市场指生产者为满足生产活动需要而购买生产资料的市场，又称生产资料市场。生产者市场的用户比较集中、购买次数少而数量大、技术性较强，通常由专业人员从事购买工作。

4. 按照交易方式分类

（1）现货市场。现货市场指买卖的商品、有价证券及外汇等实物均收取现金，并当即实现实物转移的交易市场。在现货市场上，买卖双方可以在任何时间、地点成交任何商品。

（2）期货市场。期货市场是买卖商品或金融工具的期货或期权合约的场所，主要由交易和清算场所、交易活动当事人及交易对象三部分构成。期货市场是在现货市场基础上发展形成的一种高级形态的市场形式，是从事期货交易者按照法律所组成的一种非营利性的会员制的有组织的市场。

5. 按照竞争程度分类

（1）完全竞争市场。完全竞争市场是指竞争行为不受任何阻碍和干扰的市场形态。在市场上，没有任何卖者或者买者能够通过自己的买卖行为左右市场价格的变动，商品价格完全是在竞争过程中形成的。在现实生活中，这一形态的市场除少数农产品市场外很少存在。

（2）垄断竞争市场。垄断竞争市场是介于完全竞争和完全垄断之间的市场形态。这种市场上同时存在众多的买者和卖者，由于每个厂商的市场份额较小，因而厂商之间竞争激烈，但由于各个厂商的产品具有差别性或独特性，因而可以对部分市场进行一定程度的垄断。这是市场经济中大量存在的市场类型。

（3）寡头垄断市场。寡头垄断市场是指市场上只有少数几家企业控制价格，它们所生产和销售的某种产品的总产量在市场销售总量中占很大比重。在寡头垄断的条件下，各个寡头企业之间是相互依存和影响的关系，这种市场类型是竞争和垄断的混合产物。

（4）完全垄断市场。完全垄断市场是指市场上只存在独一无二的买主或卖主，其他买者或卖者不可能参加竞争，其价格的确定具有独占性，完全垄断市场仅集中于一些如水、电、铁路等公用事业领域。

除以上分类外，还可以采用其他标准对市场进行多种区分。例如，按性别、年龄、社会阶层等人文标准，分为妇女市场、儿童市场、知识分子市场等；按商品质量和档次，分为精品市场、大众商品市场等。各种分类标准均从不同角度对市场进行独特的剖析。

（四）现代市场的特征

现代市场作为市场经济的运行基础和基本形式，具有如下特征：

（1）开放性。与商品经济的其他阶段不同，市场经济体制下的市场是充分开放的，即向所有的商品生产者、经营者和购买者开放，向各种产权形式的企业开放，向全部社会资源要素开放，向各个行业、地区和国家开放。

（2）多元性。现代市场是一个多元化的完备体系，不仅可供交换的商品种类多种多样，而且参与市场活动的主体、交易方式、交易手段也是多元的。多元化特征使得现代市场呈现出高度的复杂性、多变性。

（3）自主性。市场经济活动的主体是企业。企业作为独立的利益主体单位，拥有法定的自主权利，包括根据市场需求自主决策投资方向和生产经营活动，自主调整产品结构和经济结构，自主设置内部管理机构，自主决定利益分配方式。这些权利决定了市场具有高度的自主性。

（4）竞争性。平等进入，公平竞争，是市场运行的基本原则。所有市场参与者在进入市场和进行交易时，机会和地位都是平等的。在平等参与的基础上，各个企业凭借自身的经济实力全方位地展开竞争，通过公平竞争，实现优胜劣汰。因而真正意义上的市场是充满竞争的市场。

（五）研究市场对企业营销的意义

在市场经济条件下，市场是配置社会资源的基础。企业作为资源配置与运用的基本单位和经济活动的主体，必然要被推向市场，在复杂的商品交换和市场体系构成的经济环境中运行。因此，在现代市场环境中，企业营销活动的能力对企业的生存和发展有着举足轻重的作用。

（1）有助于企业树立市场导向型的现代经营思想。在市场营销中首先需要解决的核心问题是市场与生产的关系、需求与产品的关系以及顾客与企业的关系。上述关系的明确，为树立以市场为导向的现代经营思想奠定了基础，企业通过营销活动使这一思想得以贯彻。

（2）有助于企业建立环境决定型的科学决策模式。在企业营销活动中，强调以适应市场环境作为决策的出发点和基本依据。这种决策模式为企业灵活适应市场环境变化，制订决策方案提供了保证。

（3）有助于企业正确选择目标市场，扩大市场规模，提高竞争能力。在企业营销中，运用市场细分理论正确选择目标市场，可提高产品竞争能力；运用市场发展理论选择适宜的市场发展战略，可提高市场占有率；运用市场竞争理论，掌握制订市场竞争战略的原则，组合运用竞争战略，可提高企业的竞争能力。

（4）有助于企业建立需求管理型的市场营销管理体制。在企业营销中，企业要直接面对市场，以适应需求作为一切活动的中心，为此需要建立相应的管理体制。这一体制可以直接建立企业与市场的联系，确立市场营销职能的核心地位，以市场营销为中心，协调与各职能部门的关系，同时建立在市场营销过程中进行信息反馈和控制等一整套科学系统的管理程序。

二、市场营销的概念

市场营销的英文为 marketing。marketing 曾被翻译为"销售学"，即这门学科主要研究的是如何将生产出来的产品更好地销售出；后来 marketing 又被翻译为"市场学"，即 marketing 只是单纯从客观角度研究市场的，同企业的经营决策活动关系不大。而"市场营销学"的译法，则比较准确地反映了 marketing 这门学科是以市场为导向的，以实现潜在交换为目的，去分析市场、进入市场和占领市场这样一种基本的特征，因此是现有的译法中比较能被接受的一种。后经理论界反复研讨，研究者认为 marketing 是动名词，译名应反映其动态的意义，于是理论界取得一致认识，即将 marketing 译成"市场营销"。

（一）市场营销的含义

对于市场营销，早期的认识比较肤浅，正如美国市场营销学家史丹顿所指出的：一个推销员或销售经理谈到市场营销，他真正讲到的可能是销售；一个广告业务员所说的市场营销，可能就是广告活动；百货公司部门经理谈到的可能是零售商品计划。他们都谈到了市场营销，但是，只谈到了整个市场营销活动的一部分。显然，在上述片面认识的基础上，很难形成市场营销较为完整的定义。

1960 年美国市场营销协会（AMA）定义委员会给市场营销的定义如下：市场营销是引导产品及劳务从生产者到达消费者或使用者手中的一切企业经营活动。这一定义以产品制成后作为市场营销的起点，以送到消费者手中为终点，把市场营销仅仅看成是沟通生产环节与消费环节的商业活动过程，因而也存在明显的局限性。

英国市场营销协会曾指出：一个企业如果要生存、发展和盈利，就必须有意识地根据用户和消费者的需要来安排生产。这一论述把市场营销与生产经营决策直接联系起来，对以往的认识有了明显的突破。

日本有关学者认为市场营销是在满足消费者利益的基础上，适应市场的需要而提供商品和服务的整个企业活动。美国市场营销专家菲利普·科特勒教授则进一步指出，市场营销是交易的过程，导致满足需要与欲望的人类活动。这两种定义分别从活动基础和最终目的的层面上对市场营销的含义进行了更深刻的揭示。

美国哈佛大学教授马尔康·麦克纳尔提出了独到的见解：市场营销是创造和传递新的生活标准给社会。这一定义从社会功效的角度表达了市场营销活动的深层内涵和追求的理想境界，颇具科学意义。

由以上列举的定义可以看到，随着社会经济的发展和人类认识的深化，市场营销的内涵和外延得到了极大的丰富和扩展。根据市场营销的发展，有个更科学的定义：市场营销是通过创造和交换产品的价值，从而使个人或群体满足欲望和需要的社会活动和管理过程。

（二）市场营销涉及的核心概念

菲利普·科特勒对市场营销的核心概念进行了描述：市场营销是个人或群体通过创造、提供并同他人交换有价值的产品，以满足各自的需要和欲望的一种社会活动与管理过程。这个核心概念包含了需要、欲望和需求，产品或提供物，价值和满意，交换和交易，关系和网络，市场，营销和营销者等一系列的概念。

1. 需要、欲望和需求

市场交换活动的基本动因是满足人们的需要、欲望和需求。实际上"需要""欲望""需求"三个看来十分接近的词汇，其真正的含义是有很大差别的。"需要"是指人们生理上、精神上或社会活动中所产生的一种无明确指向性的满足欲，就如饥饿了想寻找食物，但并未指明是面包、米饭还是馒头；而当这一指向一旦明确，"需要"就变成"欲望"，有购买力的"欲望"才是有意义的，才能真正构成"需求"。

2. 产品或提供物

任何需要的满足都必须依靠适当的产品，好的产品将会在很大的程度上满足需要，从而也就能在市场上具有较强的竞争力，实现交换的可能性也应更大。然而产品不只是指那些看得见摸得着的物质产品，也包括那些同样能使人们的需求得到满足的服务甚至是创意，我们把所有可通过交换以满足他人需要的事物称为提供物。因此，如果仅仅把对产品的认识局限于物质产品，那就是经营者可悲的"营销近视症"。为顺利地实现市场交换，企业经营者不仅要十分重视在市场需要引导下的产品设计与开发，还应当从更广泛的意义上去认识产品或提供物的含义。

3. 价值和满意

人们是否购买产品不仅取决于产品的效用，还取决于人们获得产品效用的代价。人们在获得使其需要得以满足的产品效用的同时，必须支付相应的费用，这是市场交换的基本规律。市场交换是否能顺利实现，取决于人们对效用和代价的比较。如果人们认为效用大于代价，再贵的商品也愿意购买；反之，再便宜的东西也不会要。市场经济的客观规律告诉我们，人们只会去购买有价值的东西，并根据效用和代价的比较来认识价值的实现程度。

人们在以适当的代价获得适当的效用的情况下，才会有真正的满足，当感到以较小的代价获得较大的效用时，则会十分满意。而只有在交易中感到满意的顾客才可能成为企业的忠实顾客。因此，企业不仅要为顾客提供产品，更要使顾客在交换中感到价值的实现程度比较高，并且对产品感到满意，这样市场交易才能顺利实现。

4. 交换和交易

交换是市场营销活动的核心。人们实际上可以通过 4 种方式获得他们所需要的东西：一是自行生产，获得自己的劳动所得；二是强行索取，不需要向对方支付任何代价；三是向人乞讨，同样无须付出任何代价；四是进行交换，以一定的利益让渡使对方获得相当价值的产品或满足。市场营销活动仅仅是围绕第 4 种方式进行的。从交换实现的必要条件来看，商品交换必须具备以下五个条件：

（1）交换必须在至少两方之间进行；

（2）双方都具有可用于交换的东西；

（3）双方有可能相互沟通并把自己的东西递交给对方；

（4）双方都有决定进行交换和拒绝交换的自由；

（5）双方都认为对方的东西对自己是有价值的。

交换不仅是一种现象，更是一种过程，只有当交换双方克服了各种交换障碍，达成了交换协议，才能称其为形成交易。交易是达成意向的交换，交易的最终实现需要双方对意向和承诺的完全履行。

5. 关系和网络

在现代市场营销活动中，企业希望同自己的顾客群体间的交易关系长期地保持下去，并得到不断的发展。要做到这一点，企业市场营销的目标就不能仅仅停留在一次交易的实现上，而应当通过营销的努力来发展同自己的供应商、经销商和顾客之间的关系。从 20 世纪 80 年代开始，对顾客关系的重视终于使"关系营销"成为一种新的概念和理论充实到市场营销学的理论体系中。

生产者、中间商以及消费者之间的关系直接推动或阻碍着交易的实现和发展。企业同与其经营活动有关的各种群体所形成的一系列长期稳定的交易关系就构成了企业的市场网络。在现代市场营销活动中，企业市场网络的规模和稳定性成为企业营销的重要目标。

6. 市场

市场是交易实现的场所和环境，从广义的角度看，市场就是一系列交换关系的总和，市场主要是由卖方和买方两大群体所构成的。但在市场营销学中，对市场的概念有一种比较特殊的认识，其往往用来特指企业的顾客群体。这种对市场概念的认识是基于一种特定的视角，即站在企业（卖方）角度分析市场，认为市场主要由顾客群体（买方）所构成。

7. 营销和营销者

市场交易是买卖双方处于平等条件下的交换活动，但市场营销则是站在企业的角度研究如何同其顾客实现有效的交换。因此市场营销是一种积极的市场交易行为，在交易中主动积极的一方为市场营销者，而相对被动的一方为市场营销者的目标市场，市场营销者采取积极有效的策略与手段来促进市场交易的实现。

第二节 市场营销学的诞生和演进

一、市场营销学的形成与发展

市场营销学是一门来源于企业的市场营销实践又作用于企业的市场营销实践的科学，其产生是基于企业经营活动中大量实践经验的提炼和总结。市场营销学在 19 世纪末 20 世纪初期起源于美国，随着客观形势和工商企业市场营销活动的变化，现代营销理论得到了进一步的发展。

（一）起源阶段

19 世纪末 20 世纪初是市场营销学的形成阶段。当时，以美国为代表的一些主要资本主义国家，由于工商业的发展十分迅速，商业广告运用和销售技术方面的研究逐步受到社会各界的重视，许多经济院系都开设了广告学和销售技术等课程。在这一阶段，市场营销学的研究具有较大的实用性，内容主要是商业销售实务方面的问题，但在理论上尚未形成完整的体系，且仅限于大学课堂，还未引起社会的普遍重视。

（二）应用阶段

从 20 世纪 30 年代到第二次世界大战结束是市场营销学的应用阶段。这一时期（1929—1933 年），资本主义世界爆发了严重的经济危机，在这一形势下，市场营销学广泛受到社会公众的重视，各种市场营销学理论相继进入应用领域，由此逐步建立了市场营销学的理论体系。在这一时期，企业虽然引进了市场营销理论，但所研究的内容，仍局限于流通领域，重点仍在于研究广告和推销术等商业推销实务和技巧。

（三）发展繁荣阶段

20世纪50年代初至今是市场营销学的发展繁荣阶段。20世纪50年代初，随着第二次世界大战后科学技术的深入发展，劳动生产率大大提高，经济迅速发展。在这种情况下，企业之间的市场竞争愈演愈烈，使得原来的市场营销学理论和实务不能适应企业市场营销活动的需要，于是形成了"以消费者为中心"的现代市场营销观念。市场营销学的研究突破了流通领域，深入到生产领域中，形成了现代市场营销学体系。

20世纪70年代，市场营销学又与消费经济学、心理学、行为科学、社会学、统计学等应用科学相结合，发展成为一门新兴的综合性应用科学，先后传入日本及欧洲国家，并逐渐被世界各国所接受。可以说，这一阶段是现代市场营销学走向成熟的阶段。

20世纪80年代，市场营销学在理论研究的深度和学科体系的完善上得到了极大的发展，市场营销学的概念有了新的突破。1986年，菲利普·科特勒在《哈佛商业评论》上发表了《论大市场营销》一文，他提出了"大市场营销"的概念，即在原来的"4P组合"[产品（Product）、价格（Price）、地点（Place）、促销（Promotion）组合，简称"4P组合"]的基础上，增加两个"P"，即"政治力量"（Political Power）和"公共关系"（Public Relations），简称"6P组合"。这一概念的提出是20世纪80年代市场营销战略思想的新发展。

1986年，加拿大工业市场营销学会主席埃恩·戈登又提出了以"竞争观念"取代"市场营销观念"。这一新的提法在美国学术界引起一定的反响，埃恩·戈登预言，20世纪90年代将出现一系列新的市场营销观念，如定制营销、网络营销、服务营销、绿色营销、关系营销等。

市场营销学自产生以来，发展迅速，著作浩繁，影响深远，受到各界普遍重视。究其原因，就在于它适应了社会化大生产和市场经济高度发展的客观需要。因为每一个生产者和经营者都不能不关心市场，不能不研究市场营销学。这就是市场营销学在西方国家受到普遍重视和发展的根本原因。

二、市场营销学的研究对象、研究内容及研究方法

（一）市场营销学的研究对象

市场营销学是研究企业如何更好地满足消费者或用户的需要与欲望的学科，它着重研究买方市场条件下卖方的市场营销管理问题，即着重研究卖方在激烈的竞争和不断变化的市场营销环境中，如何识别、分析、评价、选择和利用市场机会，如何适应其目标顾客的需求，获得长期生存和发展。因此，市场营销学的研究对象是企业在动态市场上如何有效地管理其交换过程和交换关系及市场营销活动过程，提高企业经营效益，实现企业目标。

（二）市场营销学的研究内容

市场营销学的研究内容主要包括市场营销理论、市场营销策略和市场营销管理三部分内容。

1. 市场营销理论

市场营销理论主要包括市场营销观念、环境与市场分析、市场细分、目标市场、消费者需求研究和购买行为等。这部分内容主要研究企业与市场的关系，分析市场营销环境，研究消费者需求和购买行为，进而研究企业面对环境变化所带来的机会（Opportunities）与威胁（Threats），同时结合企业的优势（Strengths）与劣势（Weaknesses），通过综合分析（简称SWOT分析）制订企业的发展战略和市场营销战略。这部分内容是市场营销学理论的基础部分，阐述基本原理和基本思路。

2. 市场营销策略

市场营销策略是市场营销学的核心内容，是市场营销理论的具体应用，主要研究企业如何将可以控制的各种市场营销手段与企业不可控制的外部

环境相协调，以实现企业的预期目标。市场营销活动中可控制的变数很多，美国学者尤金·麦卡锡把这些变数概括为四个基本变数，即产品（Product）、价格（Price）、地点（Place）和促销（Promotion），再加上策略（Strategy），简称"4P's"。这部分内容不仅就每个基本变数可供选择的营销策略进行分析，而且提出了"市场营销组合"概念，强调进行产品、定价、分销和促销四大策略的最佳组合。"4P's"理论认为在影响市场营销的因素中，市场营销环境是企业不可控制的因素，而产品、价格、地点、促销等因素是企业可以控制的变数，因此，市场营销学就是研究企业针对所选定的目标市场如何综合运用这四个可以控制的变数，组成一个最佳营销组合策略，以实现企业目标。

随着市场的不断发展，市场营销理论也在不断进化。在进化的过程中，出现了两条路线：一条是在4P基础上继续完善和补充，即从4P组合到6P组合，再到10P组合的完善路线；另一条是对原有理论进行升级，形成新的营销理论，如4C理论、4R理论等。

（1）4P组合到6P组合的进化

4P组合是市场营销过程中可以控制的因素，也是市场营销活动的主要手段，对它们的具体应用，形成了最基本的市场营销策略。

产品策略（Product）：产品是提供给目标市场的有形物品和无形服务。对于产品策略来说要注意到产品的实体、服务、品牌和包装。

定价策略（Price）：价格是指企业出售产品所追求的经济回报，包括基本价格、折扣价格、付款时间、借贷条件等。定价策略要从企业的战略目标出发，选择适当的定价目标，综合考虑供求关系、竞争、成本利润等因素，运用科学的方法来确定价格，然后根据各种情况考虑折扣、折让、支付期限、信用条件等因素调整价格。

地点策略（Place）：企业为使其产品进入和到达目标市场所实施的各种活动，包括途径、环节、场所、仓储和运输等。分销渠道策略就是从企业角度来确定产品抵达目标市场的途径，包括模式和中间商选择、协同管理等。

促销策略（Promotion）：促销是指企业利用各种信息载体与目标市场进行沟通的传播活动，包括广告人员推销、营业推广与公共关系等。促销策略是企业以各种手段向顾客传递产品的信息，以便影响和促进顾客的购买行为。

研究者在 4P 组合理论的基础上，又增加了政治力量（Political Power）和公共关系（Public Relations），提出了 6P 组合理论。提出 6P 组合理论的菲利普·科特勒认为，企业能够而且应当影响自己所在的营销环境，而不应单纯地适应环境。在国际、国内市场竞争都日趋激烈，各种形式的政府干预和贸易保护主义再度兴起的新形势下，要运用政治力量和公共关系，打破国际和国内的贸易壁垒，为企业的市场营销开辟道路。同时他还发明了一个新的单词 Mega Marketing（大市场营销），来表示这种营销视角和战略思想。

大市场营销理论突破了市场营销环境不可控制的传统看法，认为企业不应是消极被动地去适应、服从外部环境，而应该积极主动地改变环境，通过政治力量和公共关系扫清流通道路上的障碍，变封闭性市场为开发性市场。

（2）6P 组合到 10P 组合的进化

菲利普·科特勒用一种特定的方法来描述市场营销，他给出了一个比 6P 组合更广的概念 —— 10P 组合，从战略上解决了在国内和国际竞争进一步加强的情况下，如何综合运用可控的营销因素去处理市场中的问题。与 6P 策略相比，10P 策略又增加了探索、划分、优先和定位四个因素。

探索（Probing）：即市场调查研究。企业通过探索和预测，分析企业外部因素，发现和分析评价市场机会（即消费者需求）。

划分（Partitioning）：即根据消费者需要的差异性，运用系统的方法，把整体市场划分为若干个消费者群的过程。每一个细分市场都是具有类似需求倾向的消费者构成的群体，因此，分属不同细分市场的消费者对同一产品的需求有着明显的差异，而属于同一细分市场的消费者的需求具有相似性。

优先（Prioritizing）：即对目标市场的选择，也就是确定在市场细分的基础上，企业要进入的那部分市场或要优先最大限度地满足的那部分消费者。企业资源的有限性和消费者需求的多样性决定了企业不能经营所有的产品来满足所有消费者的需求。任何企业只能根据自己的资源优势和消费者的需求，经营一定的产品，满足消费者的部分需要。

定位（Positioning）：即企业在顾客心目中树立的某种形象。在确定目标市场之后，企业应明确在顾客心目中为自己的产品树立什么样的市场形象。

（3）4C 理论

4C 理论是 4P 组合的挑战者。4C 理论是以挑战者的角色出现的，它分别指顾客、成本、便利和沟通。

顾客（Customer）：主要指顾客的需求。企业必须首先了解和研究顾客，根据顾客的需求来提供产品。同时，企业提供的不仅仅是产品和服务，更重要的是由此产生的客户价值（Customer Value）。

成本（Cost）：不单是企业的生产成本或者说 4P 组合中的价格（Price），它还包括顾客的购买成本，同时也意味着产品定价的理想情况，应该是既低于顾客的心理价格，亦能够让企业有所获利。此外，这中间的顾客购买成本不仅包括其货币支出，还包括其为此耗费的时间、体力、精力以及购买风险。

便利（Convenience）：即为顾客提供最大的购物和使用便利。4C 理论强调企业在制订分销策略时，要更多地考虑顾客的方便，而不是企业的方便。要通过好的售前、售中和售后服务让顾客在购物的同时，也享受到便利。便利是客户价值不可或缺的一部分。

沟通（Communication）：被用以取代 4P 组合中对应的促销（Promotion）。4C 理论认为，企业应通过同顾客进行积极有效的双向沟通，建立基于共同利益的新型企业—顾客关系。这不再是企业单向地促销和劝导顾客，而是在双方的沟通中找到能同时实现各自目标的途径。

（4）4R 理论

4R 理论是对 4C 理论的冲击和补充。4R 理论号称要取代 4C 理论，但是实际上，其作用更多的是冲击和补充。4R 即关联（Relativity）、反应（Reaction）、关系（Relation）和回报（Retribution），是由美国营销学家艾略特·艾登伯格提出来的。该市场营销理论认为，随着市场的发展，企业需要在更高层次上以更有效的方式在企业与顾客之间建立起有别于传统的新型的主动性关系。

关联（Relativity）：紧密联系顾客。企业必须通过某些有效的方式在业务、需求等方面与顾客建立关联，形成一种互助、互求、互需的关系，把顾客与企业联系在一起，以此来提高顾客的忠诚度，赢得长期而稳定的市场。

反应（Reaction）：提高对市场的反应速度。在相互渗透、相互影响的市场中，及时地倾听顾客的希望、渴望和需求，并及时做出反应来满足顾客的需求，这样才有利于市场的发展。

关系（Relation）：重视与顾客的互动关系。抢占市场的关键已转变为与顾客建立长期而稳固的关系，把交易转变成一种责任，建立起和顾客的互动关系。

回报（Retribution）：市场营销的源泉。企业要满足客户需求，为客户提供价值，不能做无用的事情，市场营销的最终价值在于其是否给企业带来短期或长期的收入能力。

回顾 4P 组合、4C 理论及 4R 理论，可以看出 4P 组合是基础，4C 理论是主流，4R 理论不容易操作。市场营销是讲究效率的，为了追求利润，企业必须充分考虑顾客愿意支付的成本，并在此基础上获得更多的顾客份额，形成规模效益，获得回报，从而达到双赢的目的。

3.市场营销管理

市场营销管理主要研究市场营销组织与市场营销的控制问题，是指企业为保证市场营销活动的成功，应在组织、调研、计划、控制等方面采用的措施和方法。

（三）市场营销学的研究方法

市场营销学的研究方法随着市场营销学的发展而变化。20世纪50年代传统市场营销学的研究方法主要采用传统的产品研究法、机构研究法、职能研究法等；20世纪50年代以后，市场营销观念发生了变化，特别是20世纪70年代以后，市场营销学与心理学、行为科学、社会学、管理学、消费经济学、统计学等结合成为一门综合性的经营管理科学，研究方法主要是管理研究法、系统研究法及社会研究法等。

1. 产品研究法

产品研究法是以物为中心的研究方法，即以产品为主体，对各类产品的市场营销分别进行研究。这种研究方法针对不同产品的市场营销特征，对问题进行了比较具体深入的研究，特点突出，由此产生了各种专业市场营销学。这种方法的好处是能比较详细地分析各类产品在营销中所遇到的问题，但需耗费巨大人力、物力和财力，而且重复率很高。

2. 机构研究法

机构研究法是以人为中心、以研究市场营销制度为出发点的研究方法，即着重分析研究营销渠道系统中各个环节和各种类型的营销机构的市场营销问题。只有对营销渠道系统进行充分研究，才能更好地对市场营销的各项机能进行管理。

3. 职能研究法

职能研究法是通过研究各种市场营销职能和执行这些职能过程中所遇到的问题，来探讨和认识市场营销问题。这种方法研究各个营销环节的活动和不同市场如何执行这些职能，主要有：交换职能，包括采购与销售；供给职能，包括运输与储存；便利职能，包括融资、促销等。

4. 管理研究法

管理研究法是脱离了具体产品而从管理决策的角度来研究市场营销的方法，这种方法特别重视市场营销分析、计划、组织、执行和控制。从管理决策的观点看，影响企业市场营销的因素分为两大类：一类是不可控因素，即营销者本身不可控制的市场，也就是营销环境，包括微观环境和宏观环境；另一类是可控因素，即营销者自己可以控制的因素，包括产品、定价、分销和促销等。

5. 系统研究法

系统研究法是指通过企业内部系统及企业外部系统来研究市场营销学的方法，既要研究企业内部各职能部门如何协调和相互配合地进行营销活动，又要研究企业营销活动与外部各种组织系统的关系与协调，这种方法是系统理论的具体应用。

6. 社会研究法

社会研究法与社会学、生态学相结合，具体研究企业市场营销活动对社会利益的影响。市场营销活动虽然促进了社会的繁荣，不断满足了消费者变化的需求，但是又使产品过早陈旧与提早更新，从而大量地浪费社会财富，造成环境污染。

第三节　市场营销管理

一、市场营销管理的概念

市场营销管理是指为实现个人或机构交换的目标，而规划和实施理念、产品和服务的构思、定价、分销和促销的过程。市场营销管理是一个过程，包括分析、规划、执行和控制，其管理的对象包含理念、产品和服务。市场营销管理的基础是交换，目的是满足各方需要。

市场营销管理的主要任务是刺激消费者对产品的需求，但不能局限于此。它还帮助公司在实现其营销目标的过程中，影响需求水平、需求时间和需求构成。因此，市场营销管理的任务是刺激、创造、适应及影响消费者的需求。从此意义上说，市场营销管理的本质是需求管理。

二、市场营销管理哲学

市场营销管理哲学，就是企业在开展市场营销管理的过程中，在处理企业、顾客、社会及其他利益相关者之间的关系时所持有的态度、思想和观念。市场营销管理哲学的核心是正确处理企业、顾客和社会三者之间的利益关系。市场营销管理哲学的发展主要分为五个阶段，依次为生产观念、产品观念、推销观念、市场营销观念以及社会营销观念。

（一）以企业为中心的营销理念

1. 生产观念

生产观念是一种古老的指导企业市场营销活动的观念。这种观念认为消费者喜欢的是那些随处可以买到的价格低廉的产品。因此，生产导向型的企业主要关心的是提高生产效率和降低生产成本，以方便消费者购买。

生产观念是在卖方市场下产生的，产生于资本主义工业化初期。那时生产力水平比较低，产品供不应求，同时人们的收入水平也比较低，因此人们希望以低价格获得所需的产品。于是生产观念就应运而生。在这种观念的指导下，企业以产定销，通过大批量生产以降低成本，扩大产品的市场，获得更多的经济利益。

显然，企业奉行生产观念是有以下前提的：

（1）以产品供不应求的卖方市场为存在条件，于是企业集中力量想方设法扩大生产。

（2）产品成本很高的企业，为了提高生产率，降低成本来扩大市场，也奉行生产观念。生产观念并非在19世纪20年代以后就销声匿迹了，在一些特定的形势下，如日本在第二次世界大战后数年之内，因商品短缺，供不应求，生产观念在工商企业经营管理中曾一度流行。又如我国在过去较长时间内，因物资短缺，供不应求，许多企业也奉行生产观念，以产定销。

然而，一旦市场形势发生了变化，生产观念就不合时宜了，会成为企业经营的严重阻碍。

小资料：

麻纺厂的"麻烦"

某麻纺厂在市场经济的大潮中，不能适应市场需求调整产品结构、开发新产品，在麻袋产量大大超过市场需求的情况下，仍然是单一地生产麻袋，造成产品大量积压，累计亏损6013万元，走到了破产的边缘。市场营销观念滞后于市场经济的发展，是其亏损的重要原因。

2. 产品观念

产品观念是在生产观念广泛应用后出现的另一种经营观念。由于在生产观念下企业通过大批量、低成本生产，使得人们的需求得到了基本的满足，人们对产品的要求也在提高。产品观念认为消费者喜欢的是高质量、多功能、具有某些特色的产品。因此，产品导向型的企业主要依靠提高产品的质量和性能来赢得市场，并不断地改进产品，使之日臻完美。产品观念在建立企业产品的质量形象，提高产品的竞争力方面具有重要的作用，但是容易导致"营销近视症"，即过分地把注意力放在产品上，而不是放在消费者的需求上。如果企业不能随顾客需求变化而去顺应这种变化，那么将最终导致企业经营的挫折和失败。当企业研发制造了一种新产品时，产品观念的"营销近视症"最容易滋生出来。即使有些企业形式上已经放弃了产品观念，但往往由于管理层过分迷恋产品本身而丧失了正确观察事物相互关系的能力。

小资料：

一位办公室文具柜制造商认为他的文具柜一定好销，因为他的文具柜坚固耐用。他自豪地说："这些柜子即使从四层楼扔下去也能完好无损。"他的销售经理对此表示赞同。这便是一种典型的产品观念的"营销近视症"。

3. 推销观念

推销观念是20世纪20年代末开始出现的一种经营观念。从20世纪20年代末到20世纪30年代初，由于世界性经济大萧条，推销产品成了企业面临的一项重要的任务，因而推销观念开始出现。推销观念认为，如果企业不极力推销与促销，消费者就不会自觉地购买满足其需求的产品。推销导向型企业强调积极的市场推销活动，把顾客放在被动的地位。推销观念仍属于以产定销的企业经营哲学。

通常，推销观念被大量应用于推销那些购买者不太想要去购买的非渴求商品，如保险、百科全书等。此外，大多数公司在产品过剩时，也常常奉行推销观念，这时公司的近期目标是销售其能够生产的商品，而不是生产能够售出的新产品。

如果认为只要努力加强推销与促销，产品就能销售出去，则这种认识肯定是错误的。因为消费者购买产品是为了满足自身的需要，不符合消费者需求的产品，再强的推销与促销都是无效的。

（二）以消费者为中心的营销观念

以消费者为中心的营销观念即市场营销观念。进入 20 世纪 50 年代以后，随着军事工业全面转向民用工业，市场的供求关系发生了本质上的变化，买方市场的格局已经形成，市场营销观念在这种形势下应运而生。市场营销观念认为要达到组织的目标，关键在于决定目标市场的需求，并且能够比其他竞争者更有效地满足目标市场的需求。

市场营销观念的形成是市场营销管理哲学的一次"革命"，使企业经营哲学从以产定销转变为以销定产，第一次摆正了企业与顾客的位置。在这种观念下，企业一切活动都以顾客需求为中心，把满足消费者的需求和欲望作为自己的责任。市场营销观念与前面三种观念有本质的差别，以推销观念为例，从表 1-1 中，可以深刻认识市场营销观念和推销观念的区别。

可见，推销观念注重卖方需求，以企业产品为出发点，通过大力推销与促销来获利；市场营销观念则注重买方需求，以目标市场顾客的需求为重点，通过协调的市场营销方式来赢得和保持顾客的满意，从而获利。从本质上说，市场营销观念是一种以顾客的需求为导向，旨在使顾客满意而实施的企业综合营销手段。

（三）以社会长远利益为中心的市场营销观念

以社会长远利益为中心的市场营销观念即社会营销观念。进入 20 世纪 80 年代以后，企业为最大限度地满足顾客的需要，致使环境恶化、资源短缺，其他相关的社会问题越来越多。在这种背景下，社会市场营销观念便产生了。社会市场营销观念认为，组织的任务是决定目标市场的需求，并且在保持或提高消费者和社会福利的情况下，比竞争者更有效地满足目标市场的需求。它要求企业在制订营销决策时权衡三方面的利益，即企业利润、消费者需要的满足和社会利益，这与以往的指导思想是不一样的。

一些学者提出了一些新观念来修正或取代市场营销观念，如绿色营销、生态营销、环境营销等，所有这些观念都是从不同角度来探讨一个问题的，营销权威菲利普·科特勒将之综合起来，提出了上述的社会市场营销观念。由此可见，在社会市场营销观念下，必须考虑企业利益、顾客需求的满足和社会利益三者的统一。

表 1-1 五种市场营销管理哲学的异同

市场营销管理哲学		重点	方法	目标
传统观念	生产观念	产品	提高生产效率	通过扩大销售量增加利润
	产品观念		提高产品质量	
	推销观念		加强推销	
现代观念	市场营销观念	市场需求	整体营销	通过满足消费者需要而获利
		企业利益		
	社会营销观念	市场需求	整体营销	通过满足消费者需要，增进社会福利而获利
		企业利益		
		社会利益		

三、市场营销管理的任务

市场营销管理的任务，就是为促进企业目标的实现而调节需求的水平、时间和性质。其实质是需求管理。根据需求水平、时间和性质的不同，市场营销管理的任务也有所不同。市场营销学界将市场营销管理的任务分为八种。

1. 负需求

负需求（Negative Demand）是指绝大多数人对某个产品感到厌恶，甚至愿意出钱回避它的一种需求状况。如近年来许多老年人为预防各种老年疾病不敢吃甜点和肥肉，又如有些顾客害怕冒险而不敢乘飞机或害怕化纤纺织品有毒物质损害身体而不敢购买化纤服装。在负需求情况下，市场营销管理的任务是"改变市场营销"，扭转人们的抵制态度，使负需求变为正需求。营销人员的任务是分析人们为什么不喜欢这些产品，并针对目标顾客的需求重新设计产品、定价，做更积极的促销，或改变顾客对某些产品或服务的信念。

2. 无需求

无需求（No Demand）是指目标市场顾客对某种产品从来不感兴趣或漠不关心。市场营销的任务是创造需求，通过有效的促销手段，把产品利益同人们的自然需求及兴趣结合起来。通常情况下，市场对下列产品无需求：

（1）一般认为无价值的废旧物资，如大多数人对垃圾是没有需求的。

（2）一般认为有价值但在特定市场无价值的东西，如洗衣机、冰箱、电视等大家电在家庭中已经处于饱和状态时，家庭对这些产品就没有需求。

（3）新产品或消费者平常不熟悉的物品等，如农场主对一件新式农具可能无动于衷。

在无需求情况下，市场营销管理的任务是刺激市场营销，即通过大力促销及其他市场营销措施，努力将产品所能提供的利益与人的自然需要和兴趣联系起来，这是一项意义重大而又十分艰巨的任务。因为企业面临的是一种对某种产品或服务无需求的市场状况，营销人员必须针对性地采取有效的措施来创造需求。例如，虽然人们一般认为废旧包装容器没有价值，但有些收藏家对它可能感兴趣，古董商可刺激收藏家购买它；在没有江河湖泊的地区建造人工湖，使小船在该地区变成有价值的东西，从而改变市场营销环境；在产品知名度不高或刚开发出来之际，大力宣传新产品及消费者不熟悉的产品，引起消费者的购买兴趣等。这就是一种刺激性营销下创造需求的活动。

3. 潜在需求

潜在需求（Latent Demand）是指消费者虽然有明确的购买欲望，但由于种种原因还没有明确地显示出来的需求。一旦条件成熟，潜在需求就转化为现实需求，为企业提供无穷的商机。潜在需求是十分重要的，在消费者的购买行为中，大部分需求是由消费者的潜在需求引起的。因此，企业要想在激烈的市场竞争中取胜，不但要着眼于现实需求，更应捕捉市场的潜在需求，开发有效的产品和服务，即开发市场营销。

潜在需求的类型主要有下面四种：

（1）购买力不足型的潜在需求。这是指市场上某种商品已现实存在，消费者有购买欲望但因购买力一时受到限制而不能实现，使得购买行为处于潜在状态。这种类型的商品多是高档耐用消费品，如住宅、汽车等。

（2）适销商品短缺型的潜在需求。这是指由于市场上现有商品并不符合消费者需要，消费者处于待购状态，一旦有了适销商品，购买行为随之发生。

（3）对商品不熟悉型的潜在需求。这是指由于消费者对某一商品不了解甚至根本不知道，而使消费需求处于潜伏状态。

（4）市场竞争倾向性的潜在需求。这是指由于生产厂家很多，同类商品市场竞争激烈，消费者选择性强，在未选定之前，对某一个企业的产品而言，这种需求处于潜伏状态。

4. 下降需求

下降需求（Falling Demand）指目标市场顾客对某些产品或服务的需求出现了下降趋势。下降需求产生的原因主要是消费者收入增加，现有产品没有相应地提高，或由于新产品的问世，现有产品进入衰退期。

在下降需求情况下，市场营销管理的任务是重振市场营销，即分析需求衰退的原因，进而开拓新的目标市场，改进产品特色和外观或者采用更有效的沟通手段来重新刺激需求，使产品开始新的生命周期，并通过具有创造性的产品来扭转需求下降的趋势，使人们已经冷淡下去的兴趣得以恢复，即实行恢复性营销。例如：任何一家酒店，如果长期保持它的菜式及口味不变，必定造成需求下降的局面。如人们已经不再愿意吃粤菜了，酒店还以出售粤菜为主，那么谁还愿意去吃呢？所以餐厅要想恢复到以前的市场份额，必须使其产品和服务常变常新。

下降需求主要有四种类型：

（1）处于衰退期的产品，其市场需求已经饱和，消费者不再购买。

（2）被另一种更为先进的同类产品所替代的产品，其市场购买力转移到进入市场的新产品。

（3）质次价高的商品，消费者信不过，不愿意购买。

（4）分销渠道、促销措施不合理的商品，消费者不了解或想买而买不到。

5. 不规则需求

不规则需求（Irregular Demand）是指某些物品或者服务的市场需求在不同季节或一周不同日子，甚至一天不同时间上下波动很大的一种需求状况。如公共交通工具在运输高峰时不够用，在非高峰时则闲置不用；旅游旺季时旅馆紧张，旅游淡季时旅馆空闲；节假日或周末时商店拥挤，平时则顾客稀少。

在不规则需求情况下，市场营销管理的任务是协调市场营销，即通过灵活定价、大力促销及其他刺激手段来改变需求的时间模式，使物品或者服务的市场供给与需求在时间上协调一致，达到均衡需求，这称为同步营销。如通过采取需求定价策略、灵活多样的促销方式来鼓励消费者改变需求的时间模式，鼓励淡季消费，变不规则需求为均衡需求。

6. 充分需求

充分需求（Full Demand）又称饱和需求，是指某种物品或者服务的目前需求水平和时间等于预期的需求水平和时间的一种需求状况。这是企业最理想的一种需求状况。但是，在动态市场上，消费者偏好会不断变化，竞争也会日益激烈，它常常由于两种因素的影响而变化：一是消费者偏好和兴趣的改变，二是同行业者的竞争。

在充分需求情况下，市场营销管理的任务是维持市场营销，即努力保持产品质量，经常调查消费者满意程度，通过降低成本来保持合理价格，并激励推销人员和经销商大力推销，千方百计维持目前的需求水平，这称为"维持营销"。

7. 过度需求

过度需求（Overfull Demand）又称过量需求，是指某种物品或者服务的市场需求超过了企业所能提供或者愿意提供的水平的一种需求状况。比如，由于人口过多或物资短缺，引起交通、能源及住房等产品供不应求。过度需求可能是暂时性短缺，也可能是价格太低，还可能是由于产品长期过分受欢迎所致。

在过度需求情况下，市场营销管理的任务是降低市场营销，即通过提高价格、合理分销产品、减少服务和促销等措施，暂时或永久降低市场需求水平，或者是设法降低盈利较少或服务需要不大的市场的需求水平。需要强调的是，减缓营销的目的不是破坏需求，只是暂缓需求水平。

8. 有害需求

有害需求（Unwholesome Demand）是指对消费者身心健康有害的产品或服务，诸如烟、酒等。有害需求的产品或服务对消费者、社会公众或供应者都有害无益。

有害的产品或服务，受到社会公众的反对和抵制。对于有害需求，市场营销管理的任务是反市场营销，即劝说喜欢有害产品或者服务的消费者放弃这种爱好和需求，大力宣传有害产品或者服务的严重危害性，大幅度提高价格，甚至停止生产供应等。

第二章　市场营销环境分析

第一节　市场营销环境概述

一、市场营销环境的含义

环境（Environment）最通俗的概念是指周围的情况和条件，将其进行科学抽象理解，就是泛指影响某一事物生存和发展的力量总和。市场营销环境由影响市场营销管理者与其目标客户建立和维持牢固关系的能力的所有外部行为者和力量构成，是存在于企业营销系统外部的不可控制或难以控制的因素和力量。

任何一个企业都是在一定的环境下进行生产和经营活动的，因此不可避免地要受到市场营销环境的影响。随着我国社会经济的不断发展、国际地位的不断提高，企业的市场营销环境也日趋复杂。

企业受市场营销环境的影响，首先因为企业是一个由一系列相互作用、相互关联的因素组成的统一整体，是由不同职能部门或工作群体组成的系统。典型的职能部门有研发部门、生产部门、营销部门、财务部门等。从营销部门的角度来看，其他部门的活动和行为，都将影响到营销部门的工作。其次，企业是一个受到各种外界因素影响的开放系统。以开设一家餐厅为例，它将受到一系列外部因素的影响，包括厨师、服务员的招聘，其他餐厅的竞争，周边人流量的多少，菜品的供应质量等。一个企业如果不重视这些外部因素的研究和分析，就不能适应市场环境，从而被市场淘汰。所以企业必须注重对市场营销环境的研究。

二、市场营销环境的分类

市场营销环境的内容既广泛又复杂，可以根据不同的特点进行分类，例如根据控制性难易，可以分为企业可控制因素和不可控制因素；根据环境性质，可以分为自然环境和文化环境。最普遍的分类是菲利普·科特勒采用的将环境划分为微观环境和宏观环境的方法。

微观环境是指由企业本身市场营销活动所引起的与企业市场紧密相关、直接影响其市场营销能力的各种行为者，包括企业（内部其他部门）、供应商、营销中介、竞争者、公众和顾客。

宏观环境是指影响企业微观环境的各种因素和力量的总和，包括人口环境、经济环境、自然环境、政治法律环境、科学技术环境和社会文化环境。

微观环境和宏观环境共同构成多因素、多层次、多变化的企业市场营销环境的综合体。

三、市场营销环境的特征

1. 多变性和相对稳定性的统一

构成企业市场营销环境的因素都会随着社会经济的发展而不断变化，只是这些变化有快慢强弱之分。一般来讲，经济、政治法律、科学技术因素的变化比较快速和强烈一些，而自然、人口和社会文化因素的变化相对缓慢和微弱一些。对于变化快的因素，企业要及时调整适应；对于变化慢的因素，企业要做好分析预测工作。无论这些因素变化快慢，它们对企业市场营销的影响都具有较长期的稳定性。市场营销环境相对稳定的特点使企业对调查和预测其变化并采取相应对策提供了可能。

2.差异性和同一性的统一

市场营销环境的差异性不仅表现在不同企业受不同环境的影响，并且同样一种环境因市场营销要素的变化对不同企业的影响也不相同。市场营销环境的同一性表现为在同一国家或同一行业中，企业所面对的市场营销环境又有其共同性。

3.关联性和相对分离性的统一

影响企业的市场营销环境不是由某一个单一因素决定的，而是受到一系列相关联因素的影响。然而，在某一特定时期，市场营销环境中的某些因素，又彼此分离，而且这些因素对企业的市场营销活动的影响程度各不相同，可以单独进行考察。

4.不可控性和能动性的统一

市场营销环境的多变性决定了其不可控性的特点。这一特点要求企业不断适应变化着的市场营销环境。企业对其市场营销环境的适应，不仅仅是一种被动的适应，它也可以充分发挥其应有的主观能动性。企业可以在变化的市场营销环境中寻找新机会，主动调整市场营销战略，并可能在一定条件下转变市场营销环境中的某些可能被改变的因素，从而冲破市场营销环境的某些制约。

第二节　微观市场营销环境

微观市场营销环境是指由企业本身市场营销活动所引起的与企业市场紧密相关、直接影响其市场营销能力的各种行为者，包括企业（内部其他部门）、供应商、营销中介、竞争者、公众和顾客。这些因素联合在一起组成了企业的价值网络，企业营销活动要取得成功，必须与这些因素建立关系。

一、企业

企业的营销活动能否成功，首先受到企业内部各种因素的直接影响，因此在分析给企业带来影响的外部因素前，应该先分析企业内部的条件。

企业为开展市场营销活动，必须设立某种形式的营销部门。营销部门不是独立存在的，应当兼顾企业内部的其他群体，例如高层管理者、研发部门、采购部门、生产部门、运营部门、财务部门等。所有这些彼此关联的群体构成了内部环境。高层管理者确定了公司的使命、目标、总体战略和政策，市场营销部门在高层管理者决定的战略和计划内制订决策。市场营销部门与其他部门之间既有多方面的合作，也存在争取资源方面的矛盾，因此需要考虑和协调。市场营销人员必须与其他部门人员紧密合作，共同负责了解和满足顾客的需求。

二、供应商

供应商是公司整个顾客价值递送系统中的重要一环。供应商是指向企业及其竞争者提供生产经营所需资源的公司和个人。供应商对企业资源供应的可靠性、供应的价格及其变动趋势以及供应资源的质量水平，都将直接影响到企业产品的生产、成本和质量。根据不同供应商所供货物在营销活动中的重要性，企业可按资信状况、产品和服务的质量与价格等进行等级归类，合理协调、抓住重点、兼顾一般，并且关注供应商的稳定性。为了减少供应商对企业的影响和制约，必须尽可能地联系多个供应商，避免过于依赖单一的供应商。

大多数企业都重视与供应商之间建立良好的合作关系。例如，化妆品制造商欧莱雅有 75% 以上的供应商与其合作了 10 年以上，这得益于欧莱雅将供应商视为尊贵的合作伙伴，尊重供应商的文化和员工个人，所有的合作都基于"对话和共同努力"。欧莱雅不仅努力帮助其供应商达到预期目标，而且通过创新和竞争的机会帮助它们实现利润增长。

三、营销中介

营销中介是帮助企业促销、销售和分销产品给最终购买者的组织或个人，包括中间商、物流公司、营销服务机构和金融机构。这些都是市场营销不可缺少的环节，大多企业的营销活动都必须通过它们的协调才能顺利进行。例如，企业生产集中与需求分散的矛盾，就需要通过中间商的分销来解决；企业资金周转不灵，就需要求助于银行和信托机构。随着市场经济的不断发展和完善，社会分工越来越细，这些营销中介的影响也越来越大。因此，企业在市场营销过程中，必须重视营销中介对营销活动的影响，处理好与它们的合作关系。

1. 中间商

中间商是帮助企业寻找顾客或者完成销售的分销渠道企业。它包括商人中间商和代理中间商。商人中间商需要购进商品，拥有商品所有权，主要有批发商和零售商。代理中间商专门招揽顾客或与顾客商议交易合同，没有商品所有权，包括代理商、经纪人和生产商代表。

企业为什么利用中间商而不是直接销售给消费者呢？这是因为中间商能够以比较低的成本完成销售职能。中间商可以在顾客所在地存储产品，方便展示并缩短交货期。因此大多数企业必须借助中间商完成销售。

企业选择中间商并与之合作也并非易事。制造商不再能够从大量小型中间商中挑挑拣拣，它们现在面对的是不断增长的大型中间商，例如沃尔玛等大型超市，这些中间商常常有足够的能力对制造商进行选择，甚至将小型制造商拒之门外。

2. 物流公司

物流公司帮助企业储存和运送商品到销售目的地，包括包装、运输、仓储、装卸、搬运、库存控制和订单处理等。例如，仓储是在商品运往下一个目的地之前，为商品提供存放和保护的空间；运输公司负责将商品由一个地点运送至另一个地点，包括铁路、公路、海路、航空运输等。这些物流公司的基本功能是调节生产与消费之间的矛盾，弥合产销时空上的背离。企业选择物流公司，必须从成本、运输速度、安全性、交货便利性等方面综合考虑，确定最佳存储和运输方式。

3.营销服务机构

营销服务机构是指帮助公司选择恰当的目标市场并促销产品的机构，包括市场调研公司、广告公司、媒体公司以及营销咨询公司等。很多大型企业都有自己的营销服务部门，例如广告部、调研部，也有很多公司委托专业的外部营销服务机构来代理有关业务。如果决定利用这些营销服务机构，一定要慎重选择，因为这些公司在创意、品质、服务和价格等方面都存在很大差异，企业应该审慎地进行评估和比较，选择最合适的机构。在合作过程中也可以通过定期考核的方式促进营销服务机构的服务水平。

4.金融机构

金融机构是帮助企业融资或抵御与交易相关联的风险的机构，包括银行、信贷公司、保险公司等。金融机构虽然不直接参与商业活动，但是对企业的发展至关重要。例如资金成本的高低和信贷额度的大小都会影响营销的绩效。因此，企业必须与重要的金融机构建立良好的关系。

综上所述，营销中介与供应商类似，也是企业整体价值递送系统中的重要组成部分。为创建令人满意的顾客关系，公司不能仅仅优化自己的业绩，还必须与营销中介紧密合作。

四、竞争者

一个企业要取得成功，就必须为顾客提供比竞争者更高的价值。所以，市场营销者不能仅仅适应目标消费者的需求，还必须通过在消费者心目中建立比竞争对手更强势的定位来获得战略优势。从消费需求的角度划分，企业在市场上面临的竞争者大体可以分为以下四个类型：

1. 愿望竞争者

愿望竞争者是指提供不同产品以满足消费者不同需求的竞争者，它们争取的是同一消费者。消费者在同一时刻的欲望是多方面的，但由于时间和收入的限制等，有时很难同时满足，这就出现了不同产品的竞争。例如，一个月的工资可以添置家庭电器，可以给孩子报辅导班，也可以外出旅游等，但考虑到时间和财力，消费者往往只能选择一项作为这一时刻的欲望来满足。

2. 属类竞争者

属类竞争者是指提供不同产品以满足消费者同一种需求的竞争者。例如，汽车、火车和飞机都能够满足作为交通工具的需要。

3. 产品形式竞争者

产品形式竞争者是指满足消费者同一需求的同类产品的各种形式间的竞争。例如，消费者决定购买汽车，那么市场有汽油车、柴油车、电动车、油电混合车等，可以选择购买其中一种产品。

4. 品牌竞争者

品牌竞争者是指满足消费者同一需求的同种形式产品的不同品牌间的竞争。例如，消费者已经决定购买汽油车，汽油车中又有长城、丰田、大众等品牌可以选择。

企业的竞争者除了本行业现有的竞争者之外，还有替代品的生产者、潜在进入者、买方、卖方等多种竞争力量，企业通过对竞争者能力的分析和比较，能够发现自己的优势、劣势，从而运用适当的策略战胜竞争者。同时，还要及时了解市场竞争态势的变化，以便掌握竞争的主动权。

五、公众

公司的市场营销环境还包括公众。公众是对企业实现其目标的能力有实际或潜在利益关系或影响的任何群体或个人。公众可以分为七种类型。

1. 金融公众

金融公众是指关注并可能影响企业融资能力的群体或个人，例如银行、投资公司和股东。企业可以通过自身实力建立起良好的资金运作的信用度，发布真实而乐观的财务报告来赢得金融公众的支持。

2. 媒体公众

媒体公众是指报纸、杂志、网站、广播电视等大众传媒媒介。这些公众对企业的声誉有很重要的作用。企业必须与媒体公众建立友善关系，争取传播机构能够报道更多对企业有利的新闻信息。

3. 政府公众

政府公众是指与企业经营活动有关的政府部门。营销管理者在制订营销计划时必须充分考虑政府政策。企业必须保持与政府部门的信息畅通，了解产品质量、安全政策、法律法规新动向等。

4. 民间团体公众

民间团体公众是指消费者组织、环境保护组织、少数民族组织等。民间团体组织对企业经营也有重要影响，例如，消费者协会代表消费者对产品和服务质量进行监督。

5. 地方公众

地方公众是指企业所在地附近的居民和社区组织。企业在其经营活动中，要避免与周围公众发生冲突，并努力建立起良好的关系，例如支持地方重大活动，赢得地方公众的支持等。

6. 一般公众

一般公众是指除了上述公众以外的社会公众。企业需要考虑一般公众对其产品和行为的态度。企业在一般公众心目中的形象影响人们的购买决策。

7. 内部公众

内部公众是指企业内部的公众，包括董事会成员、经理人、一般员工等。任何一个企业首先都是由全体内部公众构成的，企业的经营目标需要全体员工的充分理解和执行。企业可以运用实时通信和其他方式向内部公众传递信息，给予激励。如果员工对自己的公司感觉良好，其正面态度也会传递给外部公众。

六、顾客

顾客就是企业的目标市场，是企业服务的对象，也是营销活动的出发点和落脚点。顾客是企业产品的直接购买者，企业的一切营销活动都应以满足顾客的需求为中心。因此顾客是市场营销微观环境中最重要的行为者。企业对顾客的掌握程度，是企业营销成败的关键。

按照顾客的购买动机，我们可以把顾客市场分为五种类型：①消费者市场，指购买产品和服务供自己消费的个人和家庭所构成的市场；②生产者市场，指为进一步加工或在生产过程中使用而购买的所需要的产品及服务的组织所构成的市场；③中间商市场，指为转售谋利而购买商品及服务的中间商所构成的市场；④政府市场，指为提供公共服务而购买产品和服务的政府机构所构成的市场；⑤国际市场，指国外购买者所构成的市场。每一种市场类型都有自己的独特之处，要求营销人员仔细研究。

第三节　宏观市场营销环境

企业和微观环境中的其他所有行为者都是在一个更大的宏观环境中活动的。宏观环境是指会给企业经营活动造成市场机会或威胁的主要社会力量，包括人口环境、经济环境、自然环境、政治法律环境、科学技术环境、社会文化环境。一切营销组织都处于这些宏观环境之中，不可避免地受到其影响和制约。企业只有不断加强对其的认识、研究和分析，制订适应环境的对策，才能使企业不断发展壮大。

一、人口环境

人口是构成市场的第一要素。市场是由具有购买欲望和购买能力的人构成的，这样的人越多，市场规模越大。在日常生活中，人的衣食住行所产生的需求及生老病死的自然规律所诱发的需求，是市场需求最基本的动因。例如，铁路运输业中客流的季节性变化，就是由于人口流动的变化而造成的。因此，人口的多少直接决定市场潜在容量，而人口分布、人口规模与增长率、人口年龄结构、教育程度、家庭结构、地区特征与人口迁移等又会对市场需求的格局产生深刻的影响。

企业必须重视对人口环境的研究，密切重视人口特征及其发展趋势。从影响消费者需求的角度，对人口环境分析如下：

1. 人口数量与增长速度

对于市场营销人员来说，人口增长意味着人类需要的增长，但只有在具有足够购买力的前提下，人口增长才意味着市场的扩大。倘若人口的增长对粮食和各种资源的供应形成很大的压力，就会造成成本的提高和利润的降低。

2. 人口年龄结构

在人口环境中，不同年龄段的市场需求存在很大差异。市场营销人员要确定每个年龄段中可能成为目标市场的人群，就必须考察人口年龄结构的变化与地区性差异。而事实上，人口年龄结构的变化与不同地区的差异正是目前世界范围内影响经济发展的主要的原因之一。

（1）各个年龄段的消费者的消费观念和消费方式各不相同。联合国世界卫生组织将人口按照年龄划分为五个阶段：44 岁以下为青年人；45 岁至 59 岁为中年人；60 岁至 74 岁为年轻的老年人；75 岁至 89 岁为老年人；90 岁以上为长寿老年人。随着各年龄段人口数量的增减有所不同，需求也各有特点，对于市场营销人员来说，需要认真调查研究由于年龄结构引发的市场需求结构变化趋势。例如，青年人注重服饰、电子产品、运动器材等；

老年人注重营养品、保健品等。

（2）人口年龄结构呈现出老龄化的特征。由于不同年龄的人口需求结构不同，老年人口比例的增加势必会带来整个市场需求结构的变化，例如，老年人口比例的增加可能会带来对养老院、小包装的食品和医疗设备的大量需要。同时，由于年轻的夫妻有了更多的闲暇和收入，增加了旅游和娱乐时间，因而给酒店、餐厅、航空公司等行业增加了市场机会。另外，人口年龄结构的变化必然对某些行业造成威胁，也会为另一些行业提供市场机会。

值得注意的是，据联合国人口司统计，在老龄人口中女性多于男性，预计今后 40 年里全世界的老龄人口中女性比男性多 50%。这是经济发展和生活条件改善的结果。对此，相关各行业的生产经营者应有足够的敏感度。

3. 家庭结构

家庭是购买与消费的基本单元。一个国家或地区家庭单位的多少，影响着消费品市场的大小，家庭结构的变化将影响需求量的变化。

传统的西方家庭组成是丈夫、妻子、孩子（有时有祖父母）。在中国等一些亚洲国家则还要包括兄弟姐妹。但即使在我国，目前也出现了单身、单亲家庭、无子女家庭等非传统家庭形式。因此家庭需求也会发生很大的变化。

4. 地理分布

人口的地理分布是指人口在不同地区的密集程度。在历史上，人口流动几乎代表着人类文明的发展。最常见的就是人口从农村迁进城市，从城区迁往郊区。不同地域的消费者，由于地理环境、气候条件、自然资源、风俗习惯、宗教信仰的不同，其消费习惯、消费需求也存在差异。企业营销人员应密切注意人口地理分布所带来的市场机会。我国人口地理分布最显著的特点是不均衡性，东南部沿海省份人口密度大，消费品市场规模也大，西部地区人口稀疏，市场规模相对较小。另外，国家改革开放建立了一些沿海经济特区，使人口大量地从内地各省流向深圳之类的城市，这些城市人口的急剧增加势必会引起日常消费品的需求大量增加。相反，流出地区的日常消费品则会发生消费疲软。

5. 受教育程度

社会人口按受教育程度大致可以分为五类：小学、初中、高中、大学、大学以上。通常，人的受教育程度不同，所能接受的营销方式也有所不同。一般来说，受教育程度越高，消费时越重视产品本身而非价格。这种由受教育程度不同所带来的消费上的差异为营销人员适应不同的社会需求，做好营销工作提出了要求。

二、经济环境

影响企业市场营销活动的经济环境是指企业与外部环境的经济联系。市场由具有购买能力的人口构成，而社会购买力受到宏观经济的制约，是经济环境的反映，取决于收入、支出、储蓄及信贷等情况。营销人员的各种营销活动都以经济环境为背景，能否适时地依据经济环境进行市场决策，是营销活动成败的关键。下面分析经济环境中最重要的几个因素：

（一）收入与支出

1. 收入

消费者收入的高低，直接影响购买力的大小，从而决定了市场容量和消费者支出的模式。在研究消费者收入对需求的影响时，常使用以下指标：

（1）人均国内生产总值。国内生产总值（以下简称"GDP"）是一个国家或地区的所有常驻单位在一定时期内（如一年）按人口平均所生产的全部货物和服务的价值，超过同期投入的全部非固定资产货物和服务价值的差额。国家 GDP 总额反映了全国市场的总容量、总规模。人均 GDP 则从总体上影响和决定了消费结构与消费水平。近几年，我国的 GDP 总额均居世界前列，而人均 GDP 却较低，在国际比较中仍处于较低水平。

各国收入的水平与分配差异较大，而这与产业结构关系最为密切。通常，产业结构有四种类型：①自给自足型的经济，由于绝大多数产品自行消费，为营销人员提供的机会较少；②原材料出口经济，一个国家只是一种或几种资源较丰富，而其他方面匮乏，从而为营销人员创造了机会；③工业化进程中的国家，工业化进程中，产生了富裕的阶层和逐渐增加的中产阶层，他们所需要的一些新兴产品大多需要进口，为营销人员提供了机会；④工业化国家，庞大的制造业以及规模很大的中产阶级使这些国家成为所有产品的大市场。

（2）消费者个人收入。市场容量的大小，归根结底取决于消费者购买力的大小，消费者的需要能否得到满足，主要取决于其收入的大小。消费者个人收入是指消费者从各种来源所得的货币收入，通常包括个人工资、奖金、其他劳动收入、退休金、红利、馈赠、出租收入等。消费者个人可支配收入是指从个人收入中扣除缴纳税收和其他经常性转移支出后所余下的实际收入，即能够作为个人消费或储蓄的数额。消费者可任意支配收入是指可支配的个人收入减去消费者用于购买生活必需品的固定支出（例如维持个人和家庭的生活支出、房租、贷款等）后的收入。这是影响消费需求变化的最活跃的因素，特别是奢侈品的消费。

这里要特别指出，必须区分实际收入和名义收入（货币收入）的差别。由于实际收入和货币收入并不总是一致的，受到通货膨胀、失业、税收等因素的影响，有时货币收入虽然增加，但实际收入却可能下降。例如，美国从20世纪70年代到80年代初，货币收入一直是增加的，但由于通货膨胀率超过货币收入增长率，平均失业率高达6%～10%，赋税增加等因素的影响，实际收入反而有所下降。由于这些原因，使可随意支配的收入逐渐减少。因此，消费者在选购商品时精打细算，尽量节省开支；营销者则在广告中着重宣传其产品价廉物美的特点。

2. 支出

支出指消费者的支出模式和消费结构，消费者支出模式和消费结构是指消费者收入中用于衣、食、住、行、娱乐、教育、保健等支出的比例，它主要取决于消费者的收入水平。德国统计学家恩格尔（Ernst Engel，1821—1896）在 1875 年研究劳工家庭支出构成时指出：

"当家庭收入增加时，多种消费的比例会相应增加，但用于购买食物支出的比例将会下降，而用于服装、交通、保健、文娱、教育的开支及储蓄的比例将上升。"这种趋势被称为恩格尔定律。所谓的恩格尔系数，是指食品支出占总支出的比重。一般认为，恩格尔系数越大，生活水平越低；反之，恩格尔系数越小，生活水平越高。联合国根据恩格尔系数制订和评价国家或地区家庭贫富的标准。联合国粮农组织的标准：恩格尔系数在 59%以上为赤贫，50%～59% 为温饱，40%～49% 为小康，40% 以下为富裕，其中 20% 以下为很富裕。

消费者支出模式和消费结构除了主要受消费者收入影响外，还受以下两个因素的影响：

（1）家庭生命周期的阶段。有孩子与没有孩子的年轻人家庭的支出情况有所不同。没有孩子的年轻人家庭负担较轻，往往把更多的收入用于购买电冰箱、家具、陈设品、耐用消费品等。而有孩子的家庭收支预算会发生变化。十几岁的孩子不仅吃得多，而且爱漂亮，用于娱乐、运动、教育方面的支出也较多，所以在家庭生命周期的这个阶段，家庭用于购买耐用消费品的支出会减少，而用于食品、服装、文娱、教育等方面的支出会增加。等到孩子独立生活之后，父母就有大量可随意支配的收入，有可能把更多的收入用于医疗保健、旅游、购置奢侈品或储蓄，因此这个阶段的家庭收支预算又会发生变化。

（2）消费者家庭所在地点。所在地点不同的家庭用于住宅建筑、交通、食品等方面的支出情况也有所不同。例如，住在中心城市的消费者和住在农村的消费者相比，前者用于交通方面的支出较少，用于住宅建筑方面的支出较多。

3. 消费者储蓄和信贷

消费支出受储蓄和信贷的直接影响。居民个人收入不可能全部都用掉，总有一部分以各种形式储蓄起来，这是一种推迟了的、潜在的购买力，一般是用来购买耐用品的。广义的个人储蓄包括银行存款、公债、股票和不动产等，这些都随时可转化为现实购买力。在正常情况下，银行储蓄与国民收入成正比，是相对稳定的，但是当通货膨胀物价上涨时，消费者就会将储蓄变为现金，争购保值商品。这是消费者的一种自卫行为，是消费者对经济前景不信任的一种表现。

消费者信贷对购买力的影响也很大。美国消费者信贷在全世界最高，各种形式的赊销、分期付款业务十分发达，且增长迅速。由于它允许人们购买超过自己现实购买力（收入和储蓄）的商品，消费者信贷已成为美国经济增长的主要动力之一。这就创造了更多的就业机会、更多的收入以及更多的需求，从而也为营销人员创造了机会。我国为了促进商品经济的发展，消费者赊销、分期付款购车、购房等商业信贷也日益普及。

（二）市场状况

企业的市场营销活动还受到市场状况的影响。

1. 通货膨胀

在宏观经济环境中最令人关注的一个重要因素就是通货膨胀或经济衰退。在通货膨胀情况下，生产和购买产品、服务的成本会随着物价的上涨而迅速上涨。从市场营销的角度看，如果物价的上涨快于消费者收入的增长，消费者购买的商品数量就会减少。这种关系在许多商品的购买中都有明显的表现，因此，企业必须注意通货膨胀走势及其影响，正确判断经济发展的趋势，避免决策失误。

2. 通货紧缩

通货紧缩也是宏观经济环境中令人关心的因素之一。在通货紧缩的情况下，物价指数连续走低，市场销售全面疲软，商品普遍供大于求，成品库存不断增多，资金资源占压严重，生产能力大量闲置，企业普遍开工不足，企业生产经营困难重重。这些都对企业市场营销活动提出了考验。

3.商品供求因素

商品供求状况包含着可供总量的比例和品类以及规格结构的比例。例如，在一定的商品购买力条件下，某些商品供给程度的变化，会引起购买力在不同类商品或同类商品的不同品种之间的转移；供给商品的品种、质量、档次的差别也会引起消费者需求增减，并促使购买力转移。一般情况下，在市场上某种商品供过于求时，生产此种商品的企业所承受的压力就大；而在供不应求时，企业的生产量和销售量会相应增加。企业营销人员对经济因素的关注直接体现在对商品供求变化趋势的预测上。

4.商品价格因素

价格是比较敏感的因素之一，直接影响消费者的需求，因而也是市场营销活动中较为关注的因素。主要有以下两种情况：

（1）商品价格总水平发生升降变化，导致总的商品需求变化。商品需求同商品价格呈反方向运动。

（2）某种商品价格上升导致消费者将购买力转而投向其他同类商品或代用品，某种商品价格下降则会导致同类商品的购买力转向。

三、自然环境

自然环境是指市场营销者需要投入的或受到市场营销活动影响的物质环境和自然资源。在最基本的层面，自然环境中，从气候到自然灾害，都可能影响企业及其营销活动。例如，某地区泥石流灾害的发生，导致当地企业生产和运输受阻。尽管企业不能阻止这些自然现象的发生，但也应该准备应急计划，从容应对。市场营销人员应该正视自然环境中的主要趋势。

（1）原材料短缺，能源成本提高。地球上的资源可以分为三大类：无限资源，例如空气、水等；有限可再生资源，例如森林、农产品等；有限不可再生资源，例如石油、煤等。空气和水看似是无限的，但是空气污染会危害人们的身体健康，而缺水已经成为世界一些地区的大问题。森林、农产品等可再生资源也应该得到审慎的利用，避免过度砍伐和侵占耕地。至于不可再生资源，如石油、煤、矿产等，则已经面临着严重短缺的问题。对需要利用这些稀缺资源来制造产品的企业而言，原材料即使可以获得，也面临成本的大幅增加。例如，石油的价格从 1970 年的每桶 2.23 美元到 1982 年的每桶 34 美元，再到目前每桶 64.3 美元，石油价格的上涨使得人们积极去寻求替代品，如太阳能的开发已经取得了相当成就；电动汽车的兴起替代了部分汽油车。从长远来看，开发太阳能、风力等是有广阔前景的。原材料短缺，能源成本提高是世界范围内的问题，只有合理开发和利用资源，才能使企业的发展进入良性循环。对于资源短缺产品的经营，企业营销管理人员应该着重考虑如何节约能源、降低消耗、寻找替代品。

（2）环境污染不断增加。现代工业的发展，对自然环境造成了不可避免的破坏。化学和核废料的处理，土壤和食物中的化学残留物，随意丢弃的不可降解的塑料制品，这些都对自然环境造成了严重的影响。西方发达国家自 20 世纪 60 年代在环境保护方面陆续采取了大量措施，并已经取得一定的成效，但是仍然有大量问题需要解决。我国对污染问题十分重视并制定 2060 碳中和目标。公众与政府对环境的关心，一方面限制了某些企业的发展，另一方面也带来了一些市场机会。例如，治理污染设备的市场大大扩展，环保的生产技术和包装方法也创造了新的营销机会。企业的社会观念和绿色营销观念的增强，都将促进企业与整个社会的全面进步。

（3）政府加强了对自然资源的保护。许多国家的政府都意识到保护自然环境的重要性，也采取了相应的限制和保护措施。加强自然环境保护短期来看似乎与企业扩大生产和经济增长相矛盾，但从社会的长远利益和整体利益来看，环境保护绝不可放松。企业不仅是生产经营单位，也是环境的制造者和受益者，因此企业营销管理人员必须注重有关法令的限制，严格遵守，并在此基础上注意保护环境所创造的营销机会。例如，食品行业推广"天然绿色"食品；汽车行业开发电力、天然气等新能源汽车。

四、政治法律环境

市场经济是法治经济，包括营销活动在内的所有企业行为必然受到政治与法律环境的约束。这种政治法律环境主要指国家政局、国家政治体制、经济管理体制以及相关的法令、法规、方针政策等与企业的运作存在着或多或少关联的要素。

（一）政治环境

政治环境指影响企业营销活动的外部政治形势。安定团结的政治局面不仅有利于经济的发展和人民收入的增加，而且影响消费心理状况，从而导致市场需求的变化。党和国家的方针政策，不仅规定了国民经济的发展方向和速度，也直接关系到社会购买力的提高和市场消费需求的变化。

对国际政治环境的分析，应了解"政治权利"与"政治冲突"对企业营销活动的影响。政治权利影响市场营销，往往表现为政府机构通过某种措施约束外来企业，例如进口限制、外汇控制以及劳工限制、绿色壁垒等。政治冲突指国际上的重大事件与突发性事件，这类事件在和平与发展为主流的时代从未绝迹，对企业市场营销影响或大或小，有时带来机会，有时带来威胁。

（二）法律环境

法律环境指国家或地方政府的各项法规、法令和条例。它对市场消费需求的形成和实现，具有一定的调节作用。企业研究并熟悉法律环境既能保证自身严格依法管理和经营，也可运用法律手段保障自身的权益。

各个国家的社会制度不同，经济发展阶段和国情不同，体现统治阶级意志的法制也不同。从事国际营销的企业，必须对有关国家的法律制度和有关部门的国际法规、国际惯例和准则进行研究并在实践中遵循。

五、科学技术环境

今天人类社会正处在科学技术变革的时代。科技是第一生产力，科技的发展对经济发展有巨大的影响，不仅直接影响企业内部的生产与经营，同时还与其他环境因素互相依赖、互相作用，给企业经营带来全方位影响。新技术的应用会引起市场营销策略的变化，也会引起企业经营管理的变化，还会改变零售商业态结构和消费者购物习惯。每次技术革新浪潮，都可能取代现存的产品与公司，或者说，每一项新技术都是一种"创造性破坏"力量。例如，晶体管影响了真空管行业，复印机影响了复写纸行业，网络影响了报纸、杂志行业，高铁影响了航空行业等。如果老行业不采用新的技术，而是轻视或与其对抗，它们的生产经营必将衰落。

当前，世界新科技革命正在兴起，生产的增长越来越多地依赖科技的进步，产品从进入市场到市场成熟的时间不断缩短，高新技术不断改造传统的产业，加速了新兴产业的建立和发展。因而，营销管理者必须更多地考虑应用现代尖端技术，重视软件开发，加强对用户的服务来适应知识经济的要求。

信息技术的发展，对市场营销以及整个国民经济发展的影响明显而深刻。信息技术产业作为经济增长的"倍增器"、发展方式的"转换器"和产业升级的"助推器"，在我国走新型工业化道路、转变经济发展方式、全面建设小康社会进程中肩负着重要的历史使命，从而使我国信息技术产品的营销额也大大增长。通信产品方面，国内市场对光通信产品、接入网设备、数字移动通信产品的需求快速增长，而增长速度最快的互联网业务的发展，使得数据和多媒体通信产品成为市场的热点；视听产品方面，数字化和网络化将是贯穿产业发展的主线。

近年来，电子化、网络化技术的猛发展，对市场营销的影响更为突出。例如，沃尔玛的成功可以说是建立在沃尔玛利用信息技术整合优势资源，信息技术与零售业整合的基础之上的。通过采用最新的信息技术，沃尔玛将传统的销售技巧与现代化的高科技联系起来，从而能够以最低的成本、最优质的服务、最快速的管理反应开展全球运作，达到提高生产率和降低成本的目的。

电子商务的发展，使网上营销的新概念进入到市场营销学领域。电子商务与网上营销的区别在于电子商务涵盖范围广，而网上营销涵盖范围窄，是电子商务的一个分支。但网上营销的内容非常丰富，它利用互联网技术、计算机通信技术及数字交互式媒体，低成本、高效率地对企业经营过程中的市场调查、客户分析、产品开发、生产流程安排、售后服务等环节进行管理，从而达到更好地满足买卖双方需求的营销目标。例如，网络转瞬之间的信息收集处理、储存和传递能力，无可比拟地大于传统媒体的一对一的互动沟通方式，为生产者提供了精准营销的机会和可能。网上营销对购买者来说具有很多好处，一天 24 小时无论在什么地方都可订购到产品，无须走出办公室或家门就可以找到有关公司、产品、竞争者、价格等方面的对比信息，无须面对推销员可能带来的争吵及排队等。因而，网上购物的人数将越来越多，对传统的零售店和购买中心造成冲击。

六、社会文化环境

社会文化是人类在创造物质财富过程中所积累的物质财富和精神财富的总和，它体现着一个国家或地区的社会文明程度。社会文化环境不像其他营销环境那样显而易见和易于理解，但它对消费者的市场需求和购买行为的影响却是强烈而持续的。

1. 价值观念

价值观念是指在某一社会环境下的大多数人对某一事物的普遍态度或看法。生活在不同环境下的人们大多价值观念是不同的。因此，企业营销的策略也应有所差别。例如，日本人以及多数东方人将群体、团结放在首位，所以日本企业在管理时强调协作、和谐，广告宣传突出人们的共性认识；相反，美国人以及多数西方人注重个体和个人的创造精神，所以美国企业鼓励职员敢于创新，产品包装也显示出标新立异的特点。我国人民重人情，消费偏重于大众化，这些典型东方人的传统习俗，必然对企业营销产生广泛的影响。

2. 民族传统

民族传统是指一个国家整个民族的文化传统与风俗习惯。例如，西方国家的人们以超前享受为消费主流，而我国人民长期形成了储蓄习惯，并注重商品的实用性能。企业营销时应考虑我国消费主流，同时还应考虑传统习俗的变化。在民族传统中，营销者要特别注重传统节日和传统禁忌，做到入乡随俗，以免给企业营销带来障碍。

3. 宗教信仰

不同的宗教有不同的价值观和行为准则。全世界有近 20 亿宗教徒，很多国家的宗教组织在教徒的购买决策中也有重大影响。

4. 审美观

审美观是人们对自然、艺术、社会生活的审美标准、审美方式和审美习惯。在不同的文化环境下，人们对美有着不同的评价。例如各种颜色在不同国家和地区有不同的寓意。白色在日本、欧洲和美国代表纯洁、光明、坦率和美好，而在印度却代表不受欢迎。绿色在日本和巴西代表不吉利，是一种噩兆，但在多数国家却代表着春天、青春、生机、平静和安全。人们在市场上挑选、购买商品的过程，实际上也就是一次审美活动。审美观对产品的设计、色彩、广告促销中的音乐、商标名称有着重大的影响。近年来，我国人民的审美观念随着物质水平的提高，发生了明显的变化，表现为追求健康美、形式美和环境美。在这种趋势下，鲜艳、明快、富有活力的色调成了主流。

第四节　市场营销环境的分析与企业对策

市场营销环境是企业生存和发展的基础，市场营销环境的发展变化可能会给企业带来机会，也可能造成威胁。随着生产力水平的不断提高和科学技术的不断发展，企业的生存和发展越来越取决于企业适应环境变化的能力。因此企业必须对市场营销环境进行分析，并制订切实可行的对策。

一、市场营销环境的分析

环境对企业产生的影响基本上可以从提供的机会和产生的威胁两方面进行分析。任何企业都面临着若干市场营销机会和市场环境威胁。然而并不是所有的市场营销机会都有同样的吸引力，也不是所有的市场环境威胁都一样危险。企业的营销管理人员可以用"市场营销机会矩阵图"和"市场环境威胁矩阵图"来加以分析，评价企业的营销环境。

（一）市场营销机会分析

所谓市场营销机会，是指由于市场环境变化而形成对企业市场营销活动富有吸引力的领域，在该领域内，企业拥有竞争优势。

企业在每一特定机会中成功的概率，取决于其业务能力是否与该行业所需要的成功条件相符。市场机会分析的首选方法是用市场营销机会矩阵图来分析。市场营销机会矩阵图的横坐标为"机会潜在的吸引力"，表示潜在的盈利能力；纵坐标为"成功概率"，表示获得成功的可能性的大小，如图 2-1 所示。

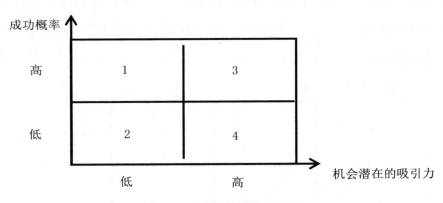

图 2-1 市场营销机会矩阵图

区域 1：属于机会潜在吸引力低和成功概率高的市场机会。对于大型企业，遇到这样的机会往往是观察其变化趋势，而不是盲目地加以利用。但对于中小型企业来说，区域 1 的机会往往是其能够加以利用的，因其生产的利润已足够中小企业生存和发展。

区域 2：属于机会潜在吸引力低和成功概率低的市场机会。企业一方面应积极改善自身的条件，以准备随时利用一闪即逝的市场机会；另一方面应观察其发展趋势。

区域 3：属于机会潜在吸引力高和成功概率高的机会。企业一般应尽全力发展，因为它是企业最有利的市场机会。

区域 4：属于机会潜在吸引力高和成功概率低的市场机会。企业应设法改善本身的不利条件。例如，成功可能性低可能是企业管理不善、技术水平低、产品质量差、人员素质低等各方面的原因。企业就是要想方设法来扭转不利因素，使企业自身条件加以改善。

（二）市场环境威胁分析

所谓市场环境威胁，是指市场环境中一种不利于企业发展趋势所形成的挑战，如果企业不采取果断的市场营销行动，这种不利趋势将伤害到企业的市场地位。

对于市场环境威胁，可以按其威胁影响程度和出现威胁的可能性大小列出环境威胁分析矩阵图进行分析。纵坐标表示出现威胁的可能性，横坐标表示威胁的影响程度，即威胁出现后给企业带来的利益损失的大小，如图 2-2 所示。

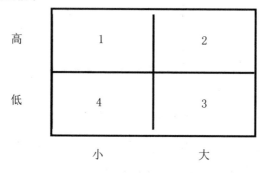

图 2-2 市场环境威胁矩阵图

区域1：威胁出现的概率高，但出现后对企业造成的损失小，企业的管理者应该加以注意。

区域2：威胁出现的概率高，一旦出现，企业的利益损失也是很大的，应该引起特别重视。

区域3：威胁出现的概率低，但是一旦出现，会给企业带来较大的利益损失，不可掉以轻心。

区域4：威胁出现的概率低，即使出现，对企业造成的损失也小，是最佳的市场营销环境。

对于企业来说，应特别重视区域2的市场营销环境，把主要的精力放在对这种环境的监测和改变上，同时，对于区域1的市场环境也应予以一定的重视。

通过对以上矩阵图的分析，可以根据企业的处境将其分为四种类型，如图 2-3 所示。

图 2-3　市场环境分析综合评价

理想企业：具有重大机会而无重大威胁的企业。企业必须抓住机遇，迅速做出行动。

成熟企业：面临的机会及威胁均低的企业。企业可以维持常规业务，并为开展理想业务做准备。

投机企业：面临的机会及威胁均高的企业。企业应全面分析自身优势与劣势，扬长避短，创造条件，争取突破性的发展。

艰苦企业：机会小而威胁大的企业。企业要么努力改变环境，走出困境或者减轻威胁；要么立即转移，摆脱无法扭转的困境。

（三）企业的内外部环境和 SWOT 分析模型

一些成功的企业会运用 SWOT 分析法，对企业内部环境的优势（Strengths）和劣势（Weaknesses）按一定标准进行评价，并把市场环境中的机会（Opportunities）和威胁（Threats）结合起来抉择企业的营销活动，力求企业的内部环境与外部环境协调和平衡，扬长避短，趋利避害，牢牢把握企业最适宜的市场机会。

1. 企业内部环境的优势和劣势

企业内部的优势与劣势是相对于竞争对手而言的，表现在资金、技术设备、职工素质、产品市场、管理技能等方面。衡量企业优势与劣势有两个标准：一个是资金、产品、市场等单方面的优劣势；另一个是综合的优劣势。企业应扬长避短，内部优势强，适合采取发展型战略，否则适合采用稳定型或紧缩型战略。

2. 企业的市场机会与威胁

企业的外部环境是企业无法控制的，随着社会经济的迅速发展，特别是世界经济全球化的步伐加快、全球信息网络的建立和消费需求的多样化，企业所处的市场环境更为开放和动荡。这样一方面可能给企业带来发展的机会，另一方面可能给企业带来威胁，例如我国高新技术薄弱。在这种情况下，企业宜采用多种经营战略，以有效分散风险，寻找新的机会。

二、企业对策

（一）对于营销机会的对策

企业决策层面对企业所面临的市场机会，必须谨慎地评价其质量。著名市场营销学者西奥多·莱维特曾警告企业家们，要小心评价市场机会。他说："这里可能是一种需要，但是没有市场；或者这里可能是一个市场，但是没有顾客；或者这里可能是一个顾客，但目前不是一个市场。"

（二）对于环境威胁的对策

企业对所面临的环境威胁可以采取以下三种策略：

（1）反攻策略。反攻策略是指试着限制或扭转不利因素的发展，例如通过各种方式促使政府通过某种法令或达成某种协议，或者制订某项政策来改变环境的威胁。

（2）减轻策略。减轻策略是指企业通过改变营销策略，以减轻环境威胁。

（3）转移策略。转移策略是指将产品转移到其他市场或转移到其他盈利更多的行业。

第三章 市场调研与市场预测

第一节 市场营销信息系统

为有效地履行营销职责，成功地开展营销活动，企业需要大量信息用于营销决策。然而，企业却常常得到大量无效的、过时的、不可信的、零乱无序的信息。越来越多的企业意识到了这方面的问题，并采取实际措施建立、改进、加强它们的营销信息系统，并进一步将其提升为营销决策支持系统，建立起营销数据库。

一、市场营销信息

从市场营销的角度看，企业与市场的联系包含三种：①货物或劳务由企业流向买主；②货币由买主流向企业：③企业与市场、环境之间的信息沟通。企业开展市场营销活动，不仅需要人、财、物多方面的资源要素，而且需要信息。可以认为，信息是营销活动的形成要素之一。

（一）市场营销信息的重要性

在现代经济生活中，以下三种发展趋势使企业对市场营销信息的需求较以往任何时候都更为强烈：

（1）市场范围的扩大。随着国内各地区之间乃至国际之间经济联系的加强，市场不再局限于本地区，市场营销从各地区扩展到全国，甚至跨越了国家之间的界限。营销决策人员在不同地区市场或国际市场中面临着较为生疏的环境，需要收集、加工许多新的信息。

（2）购买者的购买行为复杂化。随着购买者收入水平的明显提高，他们在购买中的挑选性越来越强，这使得购买行为复杂化。由此引起对购买者行为研究的相应细化。

（3）由价格竞争发展至非价格竞争。在收入水准较高的市场中，购买者对产品价格不再像过去那样敏感，价格高低对最终决定是否购买的影响力度大为削弱。因此，品牌、产品差异、广告和销售推广等竞争手段的作用日益凸显出来。但这些非价格手段能否有效运用，前提条件也在于能否获取正确的信息。

现代信息技术突飞猛进的发展为企业大规模收集、处理信息提供了手段。在过去 30 年中，计算机、复印机、扫描仪、传真机、摄像机、互联网、缩微摄影、闭路电视、移动通信系统和其他设施投入应用，使信息收集和处理产生了重大的革命。但这并不等于企业就能有效地利用它们，及时获得企业所需的信息。相比之下，企业缺少的往往是与现代信息技术相配套的管理信息系统，甚至根本没有，或者即便有营销调研部门，其功能也仅局限于日常信息收集、销售分析和简单的需求预测。

上述情况表明，为了及时、有效地寻求和发现市场机会，为了对营销过程中可能出现的变化与问题有所预料，为了在日趋激烈的市场竞争中取胜，企业需建立一个有效的营销信息系统，以便及时系统地收集、加工与运用各种有关的信息。

（二）市场营销信息的特征

市场营销信息作为广义信息的组成部分，除具有一般信息所具有的属性外，还具有自己的特征。

1. 时效性

市场营销活动与市场紧密联系在一起，信息的有效性具有极强的时间要求。这是由于作为国民经济大系统的中心位置的市场，受到错综复杂的要素的影响和制约，处于高频率的不断变化中，信息一旦传递加工不及时，就很难有效地利用。对此，日本的商业情报专家认为：一个延时的准确程度达到百分之百的情报，其价值还不如一个准确程度只有50%但赢得了时间的情报。特别是在竞争激烈之际，企业采取对策如果慢了一步，就会遭到失败的命运。可见，加强信息的收集能力，提高信息的加工效率，尽可能缩短从收集到投入使用的时间，对于最大限度地发挥营销信息的时效性是十分重要的。

2. 更新性

市场营销信息随市场的变化与发展处于不断的运动中，这一运动客观上存在着新陈代谢。因此，市场活动的周期性并不意味着简单的重复，而必定是在新环境下的新过程。虽然新过程与原有的过程有着时间上的延续性，但绝不表明可以全部沿用原有的信息，企业营销部门必须不断地、及时地收集、分析各种新信息，以不断掌握新情况，研究问题，取得营销主动权。

3. 双向性

在商品流通中，商品的实体运动表现为从生产者向消费者的单向流动。而市场营销信息的流动则不然，它带有双向性：一面是信息的传递，另一面是信息的反馈。因此，收集市场信息就显得格外重要。

（三）企业对营销信息的要求

企业收集信息是为支持营销决策服务的。营销决策对所收集的营销信息有以下要求：

1. 准确性

来源是否可靠，收集、处理的方法有无偏颇，可信度如何。

2. 及时性

营销信息的时效性极强，因此对获得信息、传递信息和处理信息的速度有严格要求。

3. 恰当性

信息恰好满足决策所需的信息量和传送频度。信息量太少，传递间隔过长固然不好，然而量太大造成无用信息过多或庞杂而理不出头绪，报告过频而使管理者疲于应付也不行。

4. 系统性

企业在营销活动中受到众多因素的影响和制约，如果仅仅得到一堆杂乱无章的信息是无济于事的。为此，企业必须对有关信息进行分析，分析它们之间的内在联系，提高它们的有序化程度。只有这样，才能得到有效的信息。

5. 费用代价合理

收集、处理信息必然涉及费用支出。一方面，支出水平受企业预算制约；另一方面，支出水平不应超出所获信息可能给企业带来的收益。否则，这一信息收集、处理过程就失去了其存在的价值。

（四）市场营销信息与大数据

随着信息技术的迅猛发展，企业可以发现大量的市场营销信息。市场营销世界里充满了各种来源的海量信息，如今消费者本身就能产生大量的营销信息，他们通过购物网站、电子邮件、微博、微信、抖音和其他的数字渠道，自发地向企业提供并与其他消费者分享大量信息。实际上，大多数市场营销部门根本不缺乏信息，而是数据承载量太大，有用信息甚至常常被淹没其中。

大数据（Big Data）这一概念的产生很好地总结了这一问题。大数据是指需要新处理模式才能具有更强的决策力、洞察力和流程优化能力的海量、高增长率和多样化的信息资产。每一天，世界上的人和系统产生的数据量约为 2.5×1018 字节，每年大约 1000 万兆字节。大数据给市场营销者带来机会的同时，也提出了严峻的挑战。有效利用大数据的公司能够获得丰富、及时且有效的信息资产，但是，评价和挖掘如此海量的数据几乎是不可能完成的任务。例如，百事公司在考察通过关键词在推特、博客、公告栏和其他来源搜索得到的关于其品牌的网上讨论时，发现每天有超过 600 万次公开谈论，每年超过 20 亿次，这一信息量远远超出了任何管理者的处理能力。因此，市场营销者不是需要更多的信息，而是需要更精准的信息，他们需要更好地利用已有的信息资源。

二、市场营销信息系统的含义

市场营销信息系统是由人员、机器和程序组成的一个相互作用的连续复合体。其基本任务是收集、挑选、分析、评估和分配适当的、及时的、准确的信息，供市场营销决策者用于制订或修改市场营销计划，执行和控制市场营销活动。

首先，由营销主管或决策者确定所需信息的范围；其次，根据需要建立企业营销信息系统内的各子系统，由有关系统去收集环境提供的信息，再对所得信息进行处理；然后，由营销信息系统在适当时间，按适当形式，将整理好的信息送至有关决策者；最后，营销经理做出的决策再流回市场，作用于环境。

一个理想的市场营销系统一般应具备以下特点：

（1）能够向各级管理者提供从事其工作所需的一切信息。

（2）能够对信息进行挑选，以便使各级管理者能够获得与他采取的行动有关的信息。

（3）提供信息的时间限于管理者能够且应当采取行动的时间。

（4）提供所要求的任何形式的数据、信息和分析。

（5）提供的信息必须是最新的，并且所提供的信息都是有关管理者最容易理解的。

三、市场营销信息系统的构成

不同企业，其信息系统的具体构成会有所不同，但基本框架大体相同，一般由内部报告系统、营销情报系统、营销调研系统、营销决策支持系统这样四个子系统构成，如图 3-1 所示。

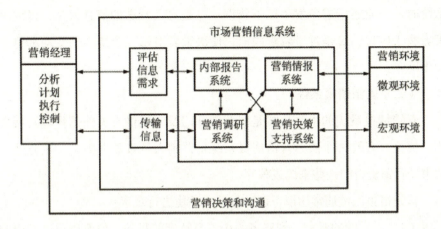

图 3-1　市场营销信息系统

（一）内部报告系统

内部报告系统是决策者们利用的最基本的系统，该系统的信息来自企业内部的财务、生产、销售等部门，它通常是定期提供信息，用于日常营销活动的计划、管理和控制。内部报告系统提供的数据包括有关销售、成本、存货、现金流、应收账款等。其中的核心是"订单—发货—账单"的循环，即销售人员将顾客的订单送至企业，负责管理订单的机构将有关订单的信息送至企业内的有关部门，有存货的立即备货，无存货的则要立即组织生产，最后，企业将货物及账单送至顾客手中。

例如，百思买公司建设了一个存储量超过 15000G 的数据库，记录了 7500 万个家庭 7 年的数据。数据库记录了每位顾客与公司的互动信息，然后公司运用一系列复杂的算法将超过 3/4 的顾客（大约 1 亿人）进行了分类组合，有的被定义为"年轻发烧友"，有的是"足球妈咪"，还有"职场精英""居家宅男"等。公司还使用顾客终身价值模型来测量各交易的获利水平和增加或降低关系价值的顾客行为因素。如此全面地了解顾客，使百思买能够实施精准营销，使用激活客户的刺激方案提高顾客的主动回头率。

企业应设计一个面向用户的内部报告系统，它提供给营销人员的应是他们想要的、实际需要的和可以获得的信息三者的统一。在设计内部报告系统时，企业还应避免发生以下错误：一是每天发送的信息太多，以致决策者疲于应付；二是过于着重眼前，使决策者对每一个微小的变动都急于做出反应。

（二）营销情报系统

营销情报系统的主要功能是向营销部门及时提供有关外部环境发展变化的情报。有的著作认为营销情报系统是营销人员日常搜集有关企业外部的市场营销资料的一些来源或程序。

营销情报人员通常用以下四种方式对环境进行观察：

（1）无目的的观察。观察者心中没有特定的目的，但希望通过广泛的观察来搜集自己感兴趣的信息。

（2）条件性观察。观察者心中有特定的目的，但只在一些基本上已认定的范围内非主动地搜集信息。

（3）非正式搜寻。营销情报人员为某个特定目的，在某一指定的范围内，做有限度而非系统性的信息搜集。

（4）正式搜寻。营销人员依据事前拟定好的计划、程序和方法，以确保获取特定的信息或与解决某一特定问题有关的信息。

营销决策者可能从各种途径获得情报，例如阅读书籍、报刊，上网查询，与顾客、供应商、经销商等交谈，但这些做法往往不太正规并带有偶然性。管理有方的企业则采取更正规的步骤来提高所收集情报的质量和数量：①训练和鼓励销售人员收集情报；②鼓励中间商及其他合作者向自己通报重要信息；③聘请专家收集营销情报或向专业调查公司购买有关竞争对手、市场动向的情报；④参加各种贸易展览会；⑤内部建立信息中心，安排专人查阅主要的出版物、网站，编写简报等。

（三）营销调研系统

营销调研系统也称为专题调查系统，其任务是针对企业面临的明确具体的问题，对有关信息进行系统的收集、分析和评价，并对研究结果提出正式报告，供决策部门用于解决这一特定问题。

营销调研系统与内部报告系统、营销情报系统最本质的区别在于：它的针对性很强，是为解决特定的具体问题而从事信息的收集、整理和分析。企业在营销决策过程中，经常需要对某个特定问题或机会进行重点研究。例如开发某种新产品之前，或遇到了强有力的竞争对手，或要对广告效果进行研究等。显然，对这些市场问题的研究，无论是内部报告系统还是情报系统都难以胜任，而需要专门的组织来承担。有时甚至企业自身也缺乏获取信息以及进行这类研究的人力、技巧和时间，不得不委托专业人员来进行研究。例如，企业打算对产品大幅度降价，往往会责成一个精干的调研小组，对降价的可行性、利弊、风险以及预防措施进行专题研究，并把调研结果呈送决策人参考。再如，某企业打算与外商合资，往往会责成一个调研小组对外商的真实背景、合资的可行性、利弊分析等进行专题调研，写成报告供决策人参考。企业可以临时组成一个精干的调研小组来完成这种调研任务，也可以委托外部的专业调研公司来完成这种任务，大公司一般会设立专门的营销调研部门。

（四）营销决策支持系统

营销决策支持系统（DSS）是由软件和硬件组成的对数据进行处理的系统。这一系统又被称作专家系统，它使营销管理者足不出户即可获得所需的信息。

营销决策支持系统包含各种统计软件，可帮助分析者深入了解数据之间的关系及统计上的可靠性。例如，与销售额变化相关的因素有哪些；各自对销售额变动的影响有多大；如果将产品售价提高 10% 同时增加 20% 的广告费，将会给销售额和利润带来什么影响等。

该系统还包括除统计方法以外各种可帮助科学决策的数学模型。自 20 世纪 60 年代以来，管理学领域大量引进数量模型作为决策依据的做法也为市场营销学专家们所效仿。一些营销专家借助现代数学工具建立了大量的数学模型，用于营销决策。例如确定最佳销售区域、零售网点配置、广告预算分配、是否开发新型号产品等。

在现代管理中，上述统计方法和决策模型都被编成程序，配置在计算机上，这大大提高了营销管理者做出更好的决策的能力。在我国，这方面的工作也已经开始。未来将需要更多的管理科学家进入企业，与营销人员加强相互了解和配合。

四、市场营销信息的存储

信息经分析处理后，在初次使用后便进入存储状态，还有一部分信息暂不使用而直接进入存储状态。这就提出了营销信息的存储问题。在现代社会，将信息进行编码或做成数据库成了主要的信息存储方式。近年来，市场营销信息系统中发展最快的就是数据库营销，即建立有关现有与潜在顾客个人信息及购买模式的大型计算机文件。通过数据库营销，我们可以准确地识别出谁是最大量的购买者，哪个细分市场是最有利可图的，哪些产品或服务为企业带来了最大的利润等，进而使企业能够将营销努力与最需要支持的产品、服务与细分市场对应起来，以获得最大的营销收益。

第二节　市场调研

一、市场调研的含义和作用

（一）市场调研的含义

市场调研（Marketing Research）是指通过有目的地对一系列资料、情报、信息的判断、收集、筛选、解释、传递、分类和分析，来了解现有的和潜在的市场，并以此为依据做出经营决策，从而达到进入市场、占有市场并取得预期效果的目的。

（二）市场调研的作用

市场情况处在不断变化之中，无论在国民经济宏观管理方面，还是在企业微观经营方面，都要时刻掌握市场信息和市场动向。市场调研的作用具体表现在以下几个方面：

（1）做好市场调研，有利于制订科学的生产计划和经营决策。在任何领域内，科学决策的基础是具备有效的信息并且充分利用它。这既适用于企业经营，也适用于非营利组织。所有市场营销决策需要的信息和获得信息的方法都可被视为市场调研的内容，而市场调研所提供的通常是有关市场核心问题的信息。

（2）做好市场调研，有利于企业改善经营管理，提高经济效益。在竞争市场上执行一项决策有时需要投入大量资源，同时面临很高的风险。为了制订科学的决策，有必要使决策建立在更严密和更可靠的数据资料的基础上。另外，现代市场和市场营销的许多特性，例如消费者的多样性，不断加速的变化步伐，市场的不确定性，使得凭直觉和经验做出的分析缺乏可靠性。而在过去的几十年间，为增强决策信心和减少某些风险进行的正规的市场调研技术不断发展和走向完善。所以，要使企业提高经济效益，必须进行市场研究，使企业的市场和经营活动符合消费者的需要，以扩大市场占有率和销售盈利。

（3）做好市场调研，有利于企业了解消费者对其产品或服务的评价、期望和想法。市场调研给消费者提供了一个表达自己意见的机会，使他们能够把自己对产品或服务的意见、想法及时反馈给生产企业或供应商。事实情况表明，哪个地区的消费者积极参与市场调查，毫不保留地将自己的意见提供给市场调研机构，哪个地区的消费者就能得到更好的产品和服务。

（4）做好市场调研，有利于企业与市场紧密联系，优化市场营销组合。企业根据市场调研结果，分析研究产品生命周期，开发新产品；对日益复杂的分销渠道进行筛选，确定最有效的分销途径；制订合理的产品价格，选择最有效的促销方式等。

（5）做好市场调研，有利于开发更广阔的市场。不同国家和地区的市场环境各不相同，同一产品的供需情况也可能有很大的差别。只有准确掌握了市场需求，并使产品及时满足这些需求，才可能获得更广阔的市场。所以，进行广泛的市场调研是成功进入更大的市场的前提条件。

二、市场调研的类型和内容

（一）市场调研的类型

市场调研根据不同的分类标准，可以划分为不同的类型。例如，按照调研时间进行划分，可以分为一次性调研、定期调研、经常性调研和临时性调研；按照调研目的进行划分，可以分为探测性调研、描述性调研、因果关系调研和预测性调研。

1. 探测性调研

探测性调研是指企业对所要调研问题的性质或范围不明确时进行的调研。这类调研没有特定的调查内容，只是收集一些有关资料进行分析，再做进一步调研。例如，企业对某一地区产品销量持续下滑的原因尚不清楚，因此运用探测性调研收集资料，从中找出可能的原因，然后再做进一步调研。

2. 描述性调研

描述性调研是指对某一特定的问题进行调研，如实记录，做客观的描述，而不研究其内在的关联。例如，企业要对某一产品的市场占有率进行描述性调研，只需要记录该产品市场占有率的数字即可，不需要研究如何产生的这一数字。

3. 因果关系调研

因果关系调研是指为了弄清楚问题的原因与结果之间关系的调研。例如，上例中产品市场占有率问题，因果关系调研不仅要调查清楚市场占有率的实际情况，还要弄清楚市场占有率上升或下降的原因。

4. 预测性调研

预测性调研是指在搜集、整理资料的基础上，运用科学的预测方法，分析市场在未来一定时期内产品供需变化情况，使企业能够掌握市场动向，把握市场机会，制订有效的营销计划。

（二）市场调研的内容

市场调研的内容，应该根据外部环境的变化情况和自身的工作要求来确定。一般来说，市场调研的内容包括市场宏观环境调研、市场需求调研、消费者购买力调研、产品调研、销售绩效调研和竞争者调研。

1. 市场宏观环境调研

一切营销组织都处于宏观环境之中，不可避免地受到其影响和制约。对宏观环境的调研内容包括人口、经济、自然、政治法律、科学技术、社会文化等。具体来说，每一项影响要素都可以通过一系列具体指标来反映。例如，反映经济环境的指标有国民生产总值、社会商品零售总额、消费者收入水平和货币汇率等。

2. 市场需求调研

市场需求调研是市场调研中最基本的内容，包括消费需求量的调研、消费结构的调研和消费行为的调研。

（1）消费需求量的调研。消费需求量直接决定市场规模的大小，一般受两个因素的直接影响。一是人口数量，一般来说，人口数量越多，市场规模就越大，对产品的需求量也必然会增加，但是也要考虑人口的性别、年龄、受教育程度等；二是货币支付能力，在拥有一定的可支付购买力的条件下，人口数量与消费需求量呈正相关。

（2）消费结构的调研。消费结构是指消费者将其货币收入用于不同产品支出的比例，它决定了消费者的消费投向。消费结构调研的主要内容是消费者各部分支出占总支出的比例。

（3）消费行为的调研。调研的主要内容包括哪些人是购买者，他们如何购买，在什么时间、地点购买，为什么购买等。

3. 消费者购买力调研

企业的一切经营和营销活动都是以消费者为中心的，消费者的购买力决定了企业的盈利。对消费者购买力的调研包括三个领域：①城乡居民购买力调研，主要是对城乡居民收入和投向的调研；②社会群体购买力调研，主要是对政府机关、事业单位、社团组织等非营利性群体的购买力情况的调研；③生产资料购买力调研，主要是对生产性消费品的品种、规模、经济政策、引进外资等情况的调研。

4. 产品调研

产品调研是指对市场上与企业现有产品和拟开发产品的供应、销售相关的情报资料。产品调研涉及的主要内容有产品生产能力调研、产品质量调研、产品包装调研、产品生命周期调研和产品价格调研。

（1）产品生产能力调研。产品的生产能力既是一个企业综合实力的体现，又是企业市场发展前景的保障。产品生产能力调研的内容主要包括企业总体产品的生产量、各大类产品生产能力、各品种产品生产能力、生产能力是否满足市场需要量以及生产能力是否有剩余等。

（2）产品质量调研。产品质量是产品的生命线，质量的好坏直接关系到产品的品牌、声誉等，进而影响到企业的生存和发展。产品质量的调研包括产品是否满足消费者需求、本企业产品与竞争者相比的优劣势调研等。

（3）产品包装调研。包装是产品的一部分，它除了具有保护产品、方便运输的作用之外，还有树立品牌和企业形象、促进销售的作用。产品包装调研主要是调查包装的外观设计、容量、包装材料等是否能被消费者接受和喜爱，消费者为什么会喜爱或不喜爱，消费者希望通过产品包装获得哪些信息等。

（4）产品生命周期调研。一般来说，产品都会经历投入期、成长期、成熟期和衰退期的产品生命周期。企业掌握产品目前处在生命周期的哪一阶段，对制订营销策略和发展战略是必不可少的。产品处于生命周期的哪一阶段，主要反映在产品的市场占有率、销售增长率、消费者购买意向、市场竞争产品、可替代产品的开发和销售情况等方面。

（5）产品价格调研。产品价格是企业可控因素中最活跃、最敏感、最难以有效控制的因素。产品价格调研包括定价是否合理、与竞争产品的价格差异等。

5.销售绩效调研

销售绩效主要包括销售政策的效果信息和促销方法的投入产出效果信息。对销售绩效进行调研，有助于企业建立更有效的销售组织和采取更好的方法。销售绩效调研包括销售政策的执行情况与出现的问题、对当前销售方法的评价、销售渠道与销售人员效果分析、广告及其他促销手段效果分析。

6.竞争者调研

竞争者调研的主要内容包括生产同类产品的竞争者数目与经营规模，同类产品各重要品牌的市场占有率及未来变动趋势，同类产品不同品牌所推出的型号与售价水平，消费者乐意接受的品牌、型号及售价水平，竞争者产品的质量、性能与设计。

三、市场调研的原则和步骤

（一）市场调研的原则

1.科学性原则

市场调研的科学性主要体现在科学地选择调查方式、调查对象以及科学地使用调查工具上。调研人员需要运用一些社会学和心理学的相关知识，以便与被调查者更好地交流，科学地整理所收集到的资料。保证市场调研科学性的前提是资料来源准确，一方面要求市场调研人员具有较高的技术水平和较丰富的经验，另一方面也要求被调研者能够配合并持客观态度。

2.真实性原则

真实性原则也叫准确性原则，是指调查资料必须真实、准确地反映和描述客观实际，才能使市场预测建立在准确的市场调研资料基础上。它要求调研资料必须是对调研对象完全客观的描述，不能夹杂任何主观评价；调研资料涉及的时间、地点、事情经过、经济活动主体都要准确无误；调研资料所描述的内容必须客观、真实、可靠，不能虚构；各种数据必须准确，计量单位科学、语言表达明晰。

3. 系统性原则

系统性原则也叫作全面性原则，指市场调研必须全面地、系统地搜集有关市场各方面的信息资料。要求从多方面描述和反映调研对象的特征和变化，从多方面反映影响调研对象发展变化的各种内外部因素，特别是要抓住本质的关键的因素；要求市场调研活动应具有连续性，以便不断积累信息，进行系统的、动态的分析和利用。

4. 时效性原则

时效性原则要求搜集、发送、接收、加工、传递和利用市场调查资料的时间间隔期尽量要短。为此，市场调研开展要及时，调研资料的传递渠道要畅通，调研资料的处理效率要高，尽量缩短从搜集到使用的时间。

5. 经济性原则

经济性原则指市场调研应当按照调研的目的要求，选择恰当的调研方法，争取用较少的费用获取尽量多的调研资料。企业做市场调研应该量力而行，例如，中小企业没有较大的财力去做规模较大的市场调研，就可以更多地采用参观访问、直接听取顾客意见、大量阅读各种宣传媒体上的有关信息、收集竞争者的产品等方式进行市场调查，只要工作做得认真细致而又有连续性，同样会收到很好的调研效果。

（二）市场调研的步骤

市场调研是一项复杂而艰巨的工作，不但要运用科学的工具和方法，还要周密地安排每一个调研步骤。市场调研的步骤一般分为确定调研目标，制订调研计划，收集信息，分析信息，提交调研报告这五个步骤，如图3-2所示。

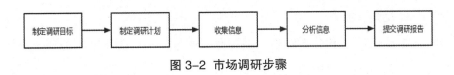

图 3-2 市场调研步骤

1. 确定调研目标

为了有针对性地进行市场调研，避免盲目行动造成人力财力的浪费，在执行调研之前，应首先确定需要解决的问题以及调研目标。由于经济现象非常复杂，通常要先做探测性调研，确定调研的问题及范围。范围不宜过宽，无关紧要的问题不要出现；范围也不宜过窄，应包含全部需要调查的问题。

2. 制订调研计划

调研计划也称为调研方案，是有关深入分析问题，达到调研目标的具体安排。调研计划一般包括调研目的、调研项目、调研方法、调研设计、经费估计、人员和时间安排等。调研计划直接影响调研的实施，因此应该全面地考虑到尽量多的细节，例如，被调研的对象太多，不可能全部调查。

3. 收集信息

调研信息的收集一般按照从内到外、从现有到实地的原则进行。在调研中一般首先考虑取得二次资料的可能性。运用现成的二次资料，不论在时间上还是经济上都相对节省，对资料的历史背景也比较清楚，也可以与实地调查资料进行对比。在运用二次资料时，要充分考虑到资料可能存在的不足，例如资料过时，分类要求与调查目标不同，资料可能有遗漏与错误等。如果二次资料不适用，就要考虑收集原始资料。

原始资料可以从企业内部和外部两个方面进行收集。内部资料指企业内部的销售记录、成本记录等；外部资料主要来自对企业外部的调查或销售实验。

4. 分析信息

收集来的原始资料，必须加以整理，对信息进行分类、汇总，使其系统化、简单化和表格化。可以运用先进的统计技术和决策模型，以便发现更多有用的信息和知识。

5. 提交调研报告

根据调研情况和分析结论，编写调研报告。报告应紧密围绕调研目标和要求，客观准确地分析问题，提出建议。报告文字应简明扼要，通俗易懂。结论建议可以归纳成要点，报告后附上相关的附件，以便查阅。

四、市场调研的组织方式

（一）全面市场调查方式

全面市场调查是对调查对象的总体中的全部单位逐一进行的调查。普查就是一种全面调查。普查是指调查者为了某一特定的目的而专门组织的一次性全面调查，例如，人口普查、商品库存普查、经济普查等。普查具有专门性、全面性和一次性的特点。

普查的组织方式可以分为两种：①普查员直接登记式。这种方式要求组建专门的普查市场营销队伍，由普查员深入现场对调查单位的有关情况进行直接登记；②被普查者自填式。这种方式是将普查表下发到各基层单位，各基层单位再指定专人将调查单位的有关情况填于表中并上报给普查机关。

（二）非全面市场调查方式

非全面调查是对调查对象总体中的部分单位进行的调查，包括典型调查、重点调查和抽样调查。

1. 典型调查

典型调查是选择有典型意义或有代表性的单位进行调查，据此推论总体。例如城市职工家庭情况调查、农产品产量调查等。这种调查方法具有专门性、非全面性、主观性、经常性与一次性并举的特点。

典型调查的方式有两种：①解剖麻雀式。指当调查总体各单位差异不大或者调查目的在于研究新事物及总结经验、树立典型时，可以选择个别单位进行深入细致的调查研究；②划类选典式。在调查过程中，有时难以选择代表调查总体的无所不包的典型，这就需要采用划类选典的方法。即当调查总体各单位差异较大，且目的在于推算总体散量特征时，可以先对总体进行分类，然后在各类中按比例、有意识地选择一定数目的单位构成典型总体，最后由典型总体的指标推断出总体的有关指标。

2. 重点调查

重点调查是在调查对象中选定一部分重点单位进行调查。所谓重点单位，指在总体中处于十分重要地位或者在总体某项标志总量中占绝大比重的一些单位，它们的重点地位客观上是明确的。例如，要调查南京市零售商企业的基本情况，就没有必要对南京市所有的零售企业进行调查，而只需要调查几家大型零售商企业即可。重点调查具有专门性、非全面性、非推断性、经常性与一次性并举的特点。通过重点调查的结果可以反映调查对象的基本情况，收到事半功倍的效果。重点调查的方式包括调查员直接登记式和被调查者自填式。

重点调查与典型调查是有区别的，主要表现在以下三个方面：①选择调查对象的标准不同。典型调查是选择同类事物中具有代表性的单位作为调查对象；重点调查则是选择同类社会现象中具有集中性的单位作为调查对象；②调查的主要目的不同。典型调查的主要目的是认识同类事物的本质及其发展规律，即主要是定性调查；重点调查的主要目的是对某种社会现象总体的数量状况做出基本估计，即主要是定量调查；③调查的具体方法不同。典型调查只能是面对面的直接调查；重点调查则可以是直接调查，也可以是通过电话、问卷、表格等方式进行的间接调查。

3. 抽样调查

抽样调查是从全部调查研究对象中，抽选一部分单位进行调查，并据此对全部调查研究对象做出估计和推断的一种调查方法。根据抽选样本的方法，抽样调查可以分为概率抽样和非概率抽样两类。

概率抽样是按照概率论和数理统计的原理从调查研究的总体中，根据随机原则来抽选样本，并从数量上对总体的某些特征做出估计推断，对推断出可能出现的误差可以从概率意义上加以控制。非概率抽样就是调查者根据自己的主观意志去抽取样本的方法。

非概率抽样不是严格按随机抽样原则来抽取样本，所以失去了大数定律的存在基础，也就无法确定抽样误差，无法准确地说明样本的统计值在多大程度上适合于总体。虽然根据样本调查的结果也可在一定程度上说明总体的性质、特征，但不能从数量上推断总体。

因此，我们将重点讨论概率抽样的方法。概率抽样有以下几种常用方法：

（1）简单随机抽样。简单随机抽样是最简单的一种抽样方法。它是从总体中随机选择出抽样单位，每个样本均有同等被抽中的概率。这种抽样方法误差分析比较容易，但是需要的样本容量较大，因此适用于个体之间差异较小的情况。常用的简单随机抽样方法有：①直接选取法，是从调查总体中直接随机抽取样本进行调查，这种方法适合对集中于某个空间的总体进行抽样；②抽签法，是将所要调查的全部个体进行编号，然后写在纸上，任意抽出所需要的样本数目；③乱数抽样，又叫作随机数码表抽样，是将要调查的个体进行编号，然后利用乱数表随意选取样本。

（2）分层抽样。分层抽样是将总体对象按照其特征或调研目的，分为若干组，每一组为一层，每层中的群体所含的要素是同质的，各层的要素之间是异质的，然后在每组中随机地抽取一部分个体作为样本。

（3）系统抽样。系统抽样又称为机械抽样、等距抽样，是将整体中的单位按照某种顺序排列，在规定的范围内随机抽取起始单位，然后按一定的规则确定其他样本单位的一种抽样方法。

（4）整群抽样。整群抽样是先将总体单元分群，可以按照自然分群或按照需要分群，例如在交通调查中可以按照地理特征进行分群，然后随机选择群体作为抽样样本，调查样本群中的所有单元。整群抽样样本比较集中，可以降低调查费用。这种方法的优点是组织简单，缺点是样本代表性差。

五、市场调研问卷设计

问卷又称调查表，是市场调查中用来收集资料的一种工具，它是指一系列事先精心设计的、系统的、严密的、需要调查对象书面或口头回答的问题表格。问卷是一种收集数据的结构化技术，设计问卷是问卷调查的关键环节。问卷可以是纸质的，也可以是电子化的。现在越来越多的企业使用网络在线问卷调查，方便快捷，便于统计，并且能够节省人力物力。另外，一些专业的问卷网站还提供样本服务。

（一）问卷的结构

一份完整的问卷通常由前言、主题和结束语三部分组成。

前言主要包括问卷标题、调查说明以及填表要求。前言部分文字需要简明扼要，通俗易懂，并且能够引起被调查者的兴趣。

主题是问卷调查所要收集的主要信息，它由一系列问题及相应的选项组成。通过主体部分问题的设计和被调查者的答案，市场调查者可以对被调查者的个人基本情况和对某一特定事物的态度、意见倾向以及行为有较为充分的了解。

结束语主要表示对被调查者合作的感谢，记录下调查人员姓名、调查时间、调查地点等。结束语要简短明了，该部分不是必须内容，有些问卷里会省略。

（二）问卷的设计

1.问题的主要类型

（1）开放式问题。开放式问题是指被调查者可以自由回答的问题，这类问题调查者事先不规定答案，被调查者可以根据自己的理解不受任何限制地做出 回答。

开放式问题一般分为填空式和自由回答式两种。

（2）封闭式问题。封闭式问题是由调查者事先设计好问题的各种可能答案，被调查者只能从中选定一个或几个预设好的答案。这种问题的表达形式有很多种，常见的有是非式、选择式、排序式、过滤式、矩阵式和表格式。

①是非式。是非式问题只允许被调查者在给定的两个性质相反的备选答案中选取其一，例如"是"与"否"，"有"与"无"，"喜欢"与"不

喜欢"等。

②选择式。选择式问题需事先给出三个或三个以上的备选答案，被调查者根据要求，结合实际情况从中选择一个或者几个答案。选择式问题又分为单项选择题和多项选择题。

③排序式。排序式问题要求被调查者根据自己的偏好判断所列出的答案的重要程度，并按顺序排列答案。

④过滤式。问卷虽然是针对所有被调查者设计的，但并不意味着每一个问题都适用于全体被调查者。过滤式问题是在问题前面设置一个过滤问题，回答"是"者回答这一类问题，回答"否"者回答另一类问题。

⑤矩阵式。当有多个问题，同时又有多个备选答案，且每个问题可以用相同的答案时，就将其设置为矩阵格式。

⑥表格式。如果调研的目的是对某一事物的若干个特征进行程度比较，则可以将特征与反映特征的程度排列成表格的形式，由被调查者在表格中确定得分。

2.问题答案的设计原则

（1）穷尽原则。穷尽原则是指问题的备选答案应包括所有可能的答案。这是为了使所有被调查者都能在给定的备选答案中至少选出一项符合自己的答案，不至于因为所列答案中没有合适的答案而放弃回答。

（2）互斥原则。互斥原则是指问题中所有备选答案必须互不相容、互不重叠。互斥原则是为了避免被调查者在选择时出现双重选择的现象。

3.问题顺序的编排规则

问卷的编排必须站在被调查者能够并且愿意回答的立场上，设计出容易回答的问卷。问题编排的先后顺序会影响被调查者对答案的选择和对问卷的兴趣以及答案的质量。因此，设计问卷时，如何合理编排问题的顺序是非常重要的。问题顺序的编排一般有以下原则：

（1）问题的安排应有逻辑性。从问题的总体顺序上考虑，可按时间顺序排列，也可按空间顺序排列；可按类别顺序排列，也可按性质顺序排列：

可按内容顺序排列，也可按功能顺序排列。

（2）问题的安排应先易后难。一般要将较容易回答的问题放在前面，较难回答的问题放在稍后；将被调查者较熟悉的问题放在前面，被调查者较生疏的问题放在后面；将一般性的问题放在前面，将敏感性或困窘性的特殊性问题放在后面。

（3）把能引起被调查者兴趣的问题放在前面。放在问卷前面的问题应当能够吸引被调查者的兴趣，而容易引起被调查者紧张、顾虑的问题应当放在后面；事实行为方面的问题先问，观念、情感、态度方面的问题后问。

（4）开放式问题放在最后。从问题的类型上来看，一般应将封闭式问题放在前面，开放式问题放在后面。但是这个原则不是固定不变的，设计者应当根据具体问题，灵活设计。例如有时在问卷的开头设置几个开放式问题，反而能够引导被调查者多发表意见，但是要注意，放在开头的开放式问题一定要容易回答，否则会引起被调查者的排斥。

4.问卷设计中需要注意的问题

（1）避免使用不确切的词语和含糊不清的问句。问卷中的文字要简洁易懂、意思明确，不能似是而非、模棱两可，避免使用"通常""一般"等界定不清的词语。另外，问句中不要出现一题两问的情况，例如，"您认为自己的文化水平和生产技术能够满足现在工作的需求吗？"这实际上是问了两个内容，应当分成两个问题设计。

（2）避免诱导性和倾向性问题。问卷中的每个问题都应该是中立的、客观的，不应该带有某种倾向性和诱导性，应该让被调查者自己去选择答案。例如，在"您认为我市职工的平均工资水平是否应该提高？"这个问题中，"是否应该提高"带有明显的肯定倾向。

一般来说，问句中含有"……应该这样……"等字眼儿，就容易出现肯定答案；问句中含有"您不认为……"等字眼儿，就容易出现否定答案。

（3）避免否定形式提问。否定式提问也称假设性提问，指对有些要提的问题，先做出某种假设，以此为前提让被调查者做出单项或多项的选择。

例如，"您是否同意把××城市建设成为花园城市？"这种问题一般都会得到肯定答案，因此调查就失去了意义。

（4）避免提断定性问题。有些问题是先判定被调查者已有某种态度或行为，基于此进行提问的。例如，"您每天抽多少支香烟？"事实上该被调查者可能根本就不抽烟。所以，在这样的问题前面应该加一条过滤性问题"您是否抽烟？"。

（5）避免直接提出敏感性问题。敏感性问题是指关于个人隐私方面的问题和一些不为一般社会公德所接纳的行为或态度类的问题。对这类问题如果直接提问往往引起被调查者的反感和拒绝或是得到不真实的回答。如果一定要调查这类问题，最好用间接的提问方法，语气也要非常委婉。

（6）避免问题与答案不一致。这是一个容易被设计者忽视的常见错误。例如：您愿意和老师交流吗？

A.经常 B.有时 C.偶尔 D.几乎不交流 E.从未交流过

这个问题的答案应当是非常愿意、愿意、一般、不愿意和很不愿意，而备选答案是与老师的交流频率。

六、市场调研的方法

进行市场调查需要运用科学的方法。常用的市场调查方法有三类。

1. 询问法

询问法是调查者先拟定出调查提纲，然后向被调查者提出问题，通过被调查者的答案获取有关的信息资料。按调查人员与被调查者接触方式的不同，可分为访谈法、邮寄调查法和电话调查法三种。

（1）访谈法。即调查人员直接与被调查者面谈，以获得所需的情报、信息，可以是一次，也可以是多次；可以是调查人员外出对调查对象进行面谈调查，也可以是被调查者来企业进行生产现场参观和面谈。这种方法的优点是：①可以马上得到调查结果，回收率100%；②可以随时解释或纠正偏差；③可以同时搜集调查问题以外的重要资料；④具有弹性；⑤具有激励效果；⑥能控制程度高。缺点是：①调查费用较高；②被调查者可能会受调查人员的诱导而提供不真实的答案；③调查对象有时缺乏代表性。根据不同的调查内容，访谈调查可以用个人访谈、小组座谈、一次访谈、多次访谈以及深层访谈等形式进行。

（2）邮寄调查法。即调查人员将设计好的问卷寄给被调查者，请其按调查的内容填写并按时寄回。这种方法的优点是：①调查区域广；②成本低；③被调查者有充分的时间思考；④被调查者不会受调查员偏见的影响。缺点是：①回收率低；②被调查者可能误解问卷题意，产生偏差；③时间较长；④可能遇到不负责任者随意填写答案，易发生误差等。

（3）电话调查法。即调查人员按照抽样要求，用电话征询对方意见。这种方法的优点是：①可在短时间内调查较多调查者；②成本较低；③可及时纠正被调查者理解上的错误。缺点是：①无法获得图表之类的观察资料；②难以询问比较复杂的问题；③无法获得较深层次的信息。

2. 观察法

即由调查人员直接或使用仪器在现场观察调查对象的一种方法。它主要用于对店铺内顾客活动的观察调查、对广告效果的观察调查、对新产品投放市场的观察调查以及对顾客流量的观察调查等。观察法的优点是可以客观地取得所需情况，也可以实地了解到当前使用产品的条件和技术要求，从中得到未来新产品的发展启示。缺点是不能了解到一些内在因素，如消费者的内心活动，而且常需观察较长时间才能发现某些规律性。因此，观察法一般与访问法结合使用，才能够收到更好的效果。

3. 实验法

即通过小规模的销售活动测验某种产品或某项营销措施的效果，以确定扩大销售规模的必要性。实验法又可以分为实验调查法和现场实验两种。实验法是因果关系调查的主要方法。其应用范围较广，凡是改变与产品销售有关的因素，例如品种、质量、装备、包装、式样、价格、广告等，都可用实验法了解用户反映，确定其是否合适和有效。实验法的优点是：①反应灵敏；②能获得客观真实的信息资料；③能揭示事物间的因果关系；④应用范围广。缺点是：①费用高；②时间长；③对实验人员要求高；④实施困难。

以上介绍的市场调查方法不是互相排斥的，常常是某一类市场调查可分别采用不同的方法或某一种市场调查方法可以适用于多类市场调查。而且各种调查方法使用时也不是互相排斥的，在许多情况下互相结合使用或交替使用，均可收到更好的效果。

第三节 市场预测

市场调查与市场预测有着密切的联系。市场调查是为了了解市场情况，认识市场本质；市场预测则是在掌握市场情况和本质的基础上对未来的不确定性进行推测。

一、市场预测概述

（一）市场预测的含义

所谓预测，就是根据过去和现在已有的材料和知识来推测未来。市场预测是对影响市场供求变化的诸多因素进行系统的调查研究和掌握信息资料的基础上，运用科学的方法，对未来市场的供求发展趋势以及有关的各种变化因素进行分析、预见、估计和推断，并做出合乎逻辑的解释说明。

（二）市场预测的类型

市场预测，从不同的角度划分，可以分为以下几种类型：

1.按市场预测的范围可以分为宏观市场预测和微观市场预测

（1）宏观市场预测。宏观市场预测是指根据预测目的，从全社会出发，对大系统总体的、综合的市场发展趋势的预测，一般是指整个国民经济活动的总图景及相应经济变量的全社会综合数值的预测。宏观市场预测提供的预测值有国内生产总值及其增长率、人均国内生产总值及其增长率、物价总水平和社会商品零售总额、工资水平和劳动就业率等。

（2）微观市场预测。微观市场预测是指从企业出发，对影响单个经济单位的经济行为及相应经济变量的预测。例如对一个企业产品的市场需求量、销售量、市场占有率、价格变化趋势、成本以及效益指标等的预测。

2.按市场预测的时间可以分为短期预测、近期预测、中期预测和长期预测

（1）短期预测。短期预测是以日、周、旬、月为时间单位，对半年以内的市场发展前景进行的预测。它主要是为企业日常经营决策服务，讲究预测时效性。

（2）近期预测。近期预测是以月或季为时间单位，对半年以上至两年以下的市场发展前景的预测。它为制订年度计划、季度计划、组织货源、安排本年度生产经营活动提供依据。

（3）中期预测。中期预测是以年为单位，对三年以上至五年以下的市场发展前景进行的预测。它主要服务于中期经营发展战略决策及为经济发展五年计划提供参考依据。

（4）长期预测。长期预测是以年为时间单位，对五年以上的市场经济发展前景的预测。它主要是为企业制订发展的长期规划提供依据。

3.按市场预测的方法可以分为定性预测和定量预测

（1）定性预测。定性预测是预测人员根据一定的经济理论，凭借知识、经验和判断能力，对市场未来的状态与趋势作出的综合判断。这种方法一般用于缺乏完整的统计资料，市场环境变幻莫测，影响市场的因素复杂，难以进行定量分析的情况。例如预测某商品在市场上所处的阶段是投入期、成长期、成熟期或是衰退期等。

（2）定量预测。定量预测一般是从历史数据资料入手，使用一定的统计方法和数学方法建立数学模型来进行推算和估计预测值的方法，对预测

对象目标运动的规律进行描述，据此预测未来量的变化程度。

（三）市场需求预测

市场预测的主要内容包括市场需求预测、市场供给预测、市场环境预测和市场行情预测。这里我们重点讨论市场需求预测。某一产品的市场需求是指在一定的营销努力水平下，一定时期内在特定地区、特定营销环境中特定顾客群体可能购买的该种产品总量。市场需求预测，是对未来市场的需求潜量进行推断和估计。

1. 影响市场需求的因素

在不同的地区、不同的时期，给定商品的市场需求会有变化，这是由有关购买者所面临的生活环境、受到外界刺激和自身因素的变化造成的。影响市场需求的因素主要有外界环境、消费习惯、顾客群体构成和营销努力等。

（1）外界环境。市场需求受到众多环境因素的影响，例如，空调的普及造成了电风扇市场需求的下降。

（2）消费习惯。消费习惯决定着顾客群体或每个顾客对某种商品的消费方式和消费数量。例如，城镇居民对鲜牛奶的爱好已逐渐变成天天饮用鲜牛奶的习惯，使得鲜牛奶的市场需求大大增长。

（3）顾客群体的构成。顾客群体的人口数量、各收入层次的构成对于市场需求也是有影响的。例如，对于食品、饮料、服装等日常生活用品，人口数量越多，市场需求量就越大。

（4）营销努力。企业的营销行为能够影响它们的产品的市场需求。例如，产品改良、价格变动、促销和分销方式都可能改变人们的购物兴趣和欲望。

2. 市场需求的估计

一般来说，在某个地区，一定时期内，某种商品的市场需求量可以用以下公式来估算：$Q=nqp$

其中，Q 为市场需求量，以顾客购买的商品价值量表示；n 为购买者人数；q 为人均年购买量；p 为商品平均价格。

一般来说，一个地区的消费者人数、每人每年的购买量、平均价格等数据资料，必须通过调查取得，而且要求准确。如果这些数据不准确，对于市场需求的计算将会出现很大的误差，失去计算市场需求的意义。

二、市场预测的方法

（一）定性市场预测法

定性预测，又称判断预测，是由预测人员凭借知识、经验和判断力对市场的未来变化趋势做出性质和程度的预测。这种预测一般用于企业缺乏完整的统计资料、市场环境变化莫测、影响市场的因素复杂、难以进行定量分析的情况。具体方法有：

1. 消费者意见调查预测法

这种方法是询问消费者的购买意向和意见，加以综合分析做出预测的方法。一般适用于满足以下条件的情况：①消费者的购买意向明确清晰；②这种意向会转化为消费者的购买行为；③消费者愿意把其意向告诉调查者。

这种方法预测非耐用品需求的可靠性比较低，因为消费者很难准确地说出自己将来会购买什么和购买多少；预测耐用品需求的可靠性会稍高一些；预测产业用品需求的可靠性最高。

2. 销售人员意见综合预测法

这种方法是在企业的高层决策者向全部销售人员介绍预测期的市场形势或在给予有关未来经济环境变化的资料参考后，要求销售人员发表对今后一定时期内商品销售情况的看法和意见，提出一个自己认为最佳的预测数字，再进行综合，作为企业的销售预测结果的一种方法。这种方法的优点是销售人员对市场有较为全面深刻的了解，并且对待调查态度认真。缺点是销售人员主观上可能存在某些偏差，对经济形式的预测没有足够的知识和能力，并且有的销售人员为了减少销售压力故意压低预测数字。尽管存在一些不足，但是这是一种常见的预测方法。当销售人员较多时，过高或过低的预测会相互抵消，从而使预测结果趋于合理。

3. 专家意见法

调查者有时会求助于企业外部的专家预测市场需求，这些专家包括分销商、供应商、营销咨询顾问以及贸易协会成员等。也有一些企业向专业的经济预测公司购买有关宏观经济趋势和行业发展的情报。专门从事市场调研预测的公司比一般厂商掌握了更多有价值的情报资料、拥有更多的预测专家。因此，对市场需求的发展可能会提供更全面的信息。

专家意见法可以分为三种类型：①小组讨论法。一些企业组成特别专家小组对某项特殊问题进行预测，把专家们聚集在一起互相交换意见，得出整个小组的结论；②单独预测集中法。要求小组内每位专家单独提出个人预测，然后由专项负责人员将各个专家的意见综合起来得出一个结论；③德尔菲（Delphi）法。由每位专家分别提出个人预测，然后由专项负责人员综合修正后发回各个专家再进行个人预测，专项人员再修正，如此循环往复，直到得出接近统一的结论为止。

4. 类比预测法

类比预测法是指根据一个事物与另一事物在发展变化方面的相似性，借助其中某个事物的已知变化来推测另一事物的未知变化水平的预测方法。例如，家用洗衣机的市场需求量变化与电冰箱的市场需求量变化具有一定的相似性。因为这两种商品的购买者群体大体相同，平均购买量很接近。在对某种事物缺乏历史资料，无法直接进行预测时，就可以利用事物之间的相似性，采用类比预测法进行预测。

（二）时间序列市场预测法

时间序列预测法属于定量预测方法的一种。时间序列是指按照时间前后顺序罗列的有关经济变量的一组数据。一般来说，用于需求预测的时间序列数据是一组时间间隔相等、不间断的历史数据，也称为观察值序列。根据事物变化发展的连贯性原理，通过对时间序列数据的分析，可以找出某种经济变量或市场需求的变化规律。时间序列法就是利用分析时间序列数据所取得的规律来进行预测的方法。

第四章　消费者市场与组织市场
购买行为分析

第一节　消费者市场与购买行为分析

一、消费者市场的特点和购买行为模式

（一）消费者市场的特点

消费者市场是市场体系的基础，也是现代市场营销理论研究的主要对象之一。成功的市场营销者是那些能够有效地挖掘对消费者有价值的产品，并运用富有吸引力和说服力的方法将产品有效地呈现给消费者的企业或个人。因而，研究影响消费者购买行为的主要因素及其购买决策过程，对于开展有效的市场营销活动至关重要。

消费者市场有以下几个特点：

（1）消费者的购买绝大多数属小型购买。在现代社会中，家庭规模日益缩小，由父母、少数子女组成的"核心家庭"，已经成为最常见的家庭模式。受消费单位规模缩小的制约，消费者的购买呈现出小型购买的特点。针对这一特点，消费品包装、产品规格也必须适当缩小，以适应消费者的需要。

（2）消费者的购买属多次性购买。这一特点与上述小型购买的特点相关。由于消费者家庭日趋缩小，住宅储藏量也有限，消费者购买量小，必然要经常重复购买。

（3）消费者市场差异性大。消费者市场包括每一个社会成员，地域广、人数多，每个消费者因为年龄、收入、地域、文化教育、心理状况等的不同而呈现很大的差异性。因此企业在生产和营销中，必须根据消费者差异细分市场。

（4）消费者市场属非专业购买。大多数消费者购买商品都缺乏专门知识，尤其在电子产品、机械产品、新型产品层出不穷的现代市场，一般消费者很难判断各种产品的实际质量是否与价格相当，他们很容易受广告宣传或其他促销方法的影响。因此，企业应该重视促销手段的运用，但要避免过度宣传而忽略产品质量的提升。

（二）消费者购买的行为模式

行为心理学的创始人约翰·沃森提出的"刺激—反应"理论认为，人类的复杂行为可以被分解为两个部分：刺激和反应。人的行为是受到刺激后的反应。刺激来自两个方面：身体内部的刺激和体外环境的刺激，而反应总是随着刺激而呈现的。

消费心理学揭示，消费者购买行为的发生，也是一个"刺激—反应"的过程。也就是说，消费者个体接受刺激，经过心理活动，最后产生反应。消费者购买行为模式如图4-1所示。

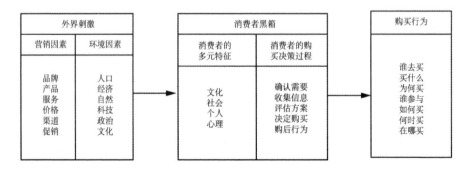

图4-1 消费者购买行为模式

消费者购买行为模式表明，所有消费者的购买行为都是由刺激引起的。这种刺激既包括来自外界人口、经济、自然、科技、政治、文化等不可控因素的刺激，也包括来自企业的品牌、产品、服务、价格、渠道、促销等可控因素的刺激。这些刺激经由复杂的心理活动过程，并受到消费者自身来自文化、社会、个人和心理等多元视角表现出的特征的影响以及消费者起始于需要驱动的购买决策过程，心理学家称之为"暗箱"或"黑箱"。最终产生市场上的购买行为，包括购买主体、购买对象、购买动机、购买方式、购买时机、购买地点及购买数量等。

消费者购买行为的一般模式，是营销部门制订营销计划、扩大商品销售的依据。它能帮助营销部门认真研究和把握购买者的个体特征，认识消费者的购买行为规律，并根据本企业的特点，向消费者进行有效的"刺激"，使外在的刺激因素与消费者的个体特征发生整合作用，以便形成购买决策，采取购买行动，实现满足需要、扩大销售的目的。

有学者将消费者的购买行为，即模式的"反应"用以下七个主要问题来刻画：

（1）消费者市场由谁构成？（Who）

（2）消费者市场购买什么？（What）

（3）消费者市场为何购买？（Why）

（4）消费者市场购买活动有谁参与？（Who）

（5）消费者市场怎样购买？（How）

（6）消费者市场何时购买？（When）

（7）消费者市场何地购买？（Where）

以上七个问题的研究被称为"7W"研究法。

二、影响消费者行为的因素

消费者的购买行为很大程度上受到文化因素、社会因素、个人因素和心理因素的影响。

（一）文化因素

文化因素对消费者行为的影响最难识别，但又是最广泛、最深远的。

文化是人类欲望和行为最基本的决定因素，其中最主要的有文化、亚文化和社会阶层三个方面。

1. 文化

文化包括语言、法律、风俗习惯、音乐、艺术、工作方式以及其他给社会带来独特影响的人为现象。文化是对某一特定社会成员消费行为直接产生影响的信念、价值观和习俗的总和。低等动物的行为主要受本能的控制，而人类的行为则大部分是后天学习来的，是儿童在社会中成长，受到家庭和其他主要社会机构的潜移默化的影响后学习到的基本的价值观念、洞察能力、偏爱与行为。

2. 亚文化

任何文化都包含着更小的亚文化。亚文化是因相同的生活经历和背景而具有的共同价值体系。这一群体以特定的认同感和社会影响力将各成员联系在一起，他们持有特定的价值观念、生活格调与行为方式。亚文化包括民族亚文化、宗教亚文化、种族亚文化和地理亚文化。例如，我国华南地区与西北地区，沿海地区与内地偏远地区，都有着不同的生活方式和风俗习惯，从而对商品的购买也有很大的不同。许多亚文化形成了重要的细分市场，营销人员需要根据他们的特点和需求设计产品并制订相应的营销计划。

3. 社会阶层

社会阶层是一个社会中因具有相同的价值观念、兴趣和行为而稳定存在的、有序的群体。社会阶层不是由单一因素如收入造成的，而是由收入、职位、教育、财富和其他变量共同作用的结果。同一阶层的成员，行为大致相似；而不同阶层的人，无论在购买行为还是购买种类上都有着明显差异。个人的社会阶层也不是一成不变的，人们可能会上升或下降自己所处的阶层，因而购买行为也会产生相应的变化。

（二）社会因素

消费者的行为也受到社会因素的影响，诸如消费者周围的相关群体（即参照群体）、家庭、社会角色与地位。

1. 参照群体

参照群体，就是能直接或间接影响个人态度、行为和价值观的群体。参照群体分为直接参照群体和间接参照群体。直接参照群体是指人们所属的、相互影响的群体。直接参照群体又分为：①首要参照群体，指个人直接接触、经常接触的群体，例如，家庭成员、亲戚、朋友、同事、邻居等；②次要参照群体是指对个人影响并不频繁的群体，例如，职业协会等。间接参照群体是指个人并不属于群体中的一员，但行为受其影响的一群人。例如，某产品邀请明星做代言，崇拜这一明星的人就会效仿其行为，购买该产品。

2. 家庭

家庭对消费者购买行为的影响是最为强烈的。个人一般要经历两个家庭，一个是自己和父母的原生家庭，另一个是和配偶、子女组成的新家庭。在原生家庭中，个人会受到父母的直接教导和潜移默化的影响，例如，宗教信仰、政治、经济以及个人的抱负、价值观等。甚至有许多人虽然不与父母在一起生活，父母对其潜意识行为的影响仍然很强烈。而个人的新家庭对个人日常购买行为的影响更加直接。与配偶、子女组成的家庭是社会上最重要的消费者购买组织，并早已受到广泛的重视与研究。

对不同的产品而言，夫妻在不同购买阶段的参与程度差别很大。一般来说，妻子在食品、家居用品、服装方面是家庭的主要购买者；而一些具有技术性的产品和耐用品多是由丈夫进行采购。当然，随着女性在家庭结构中地位的改变，这一情况也在发生改变。另外，孩子在家庭中也对决策有重要影响，例如，孩子喜欢到哪里就餐、想去哪里度假等。

3. 社会角色与地位

每个人可能都同时归属于多个群体，例如，家庭、协会以及其他各种组织机构。个人在群体中的位置由社会角色与地位决定。例如，一位企业的女性高管，在公司，她是企业的管理者；在家庭中，她是妻子和母亲；在她参加的书法协会里，她是书法爱好者。因此，作为企业高管，她需要购买干练的服饰；而作为书法爱好者，她往往会购买舒适、古朴的服装。

（三）个人因素

个人因素是消费者购买行为中最直接的影响因素。消费者购买决策受其年龄和生命周期阶段、职业、经济状况、生活方式以及个性和自我观念的影响。

1. 年龄和生命周期阶段

年龄不同的消费者，需要和欲望有很大的不同，即使相同，其需求量的差别也很大。以食物为例，在婴儿阶段，能够吃的只有奶粉和少数辅食；长大后，大部分食品都可以吃，而且需求量大大增加；到了老年，则有很多东西不宜或不能吃。年龄和生命周期阶段不仅影响一个人的购买决策，而且还关系到自己有无配偶和子女，进而影响到家庭中的个人购买决策。

2. 职业

一个人的职业也影响着其对产品和服务的需求。例如，蓝领工人和公司经理的需求存在很大差异。因此，市场营销人员有必要对各种不同的职业群体的需求进行深入的调查研究，以选择适合的营销策略，甚至为某一职业群体生产专门的产品。

3. 经济状况

经济状况包括个人可支配的收入、存款与资产、借债能力以及对储蓄与消费的态度。消费者的经济状况既与个人能力有关，也与整个社会的经济形式有关。个人的经济状况通常会大大影响其所考虑或打算购买的产品和服务。因此，经营那些对于收入反应较敏感的产品的企业，应该经常注意消费者个人收入、储蓄及存款利率的变化，根据整个社会经济状况的变化可能涉及个人经济状况的趋势，采取适当的措施来重新设计产品，重新定价，增加或减少生产和存货，重新确定目标市场以及采取其他相应的措施来维持或提高自己产品的销售量。

4. 生活方式

生活方式就是人们在活动、兴趣和思想见解上表现出的生活模式。虽然有些人来自相同的亚文化、相同的社会阶层，甚至从事相同的职业，但其生活方式却有可能完全不同，例如有些人崇尚奢华的生活方式，而有些人喜欢极简的生活方式，这与收入并没有直接的关系。人们的生活方式勾画了人与环境相互作用后形成的更完整的人，它比单独的社会阶层或职业所表达的特性完整、深邃得多。消费者对产品和品牌的选择，也是一个人生活中具体所思、所做的重要表现。因此，企业在制订市场营销策略时，应该探明产品或品牌与生活方式之间的相互关系，并对目标消费者的生活方式有清晰的把握，然后才能适应消费者各种不同生活方式的商品需求和服务需求，在整体市场营销活动中做出相应的决策，以便尽可能吸引相关生活方式下消费者的注意和购买。

5. 个性和自我观念

消费者的购买行为都受到其独特个性的影响。个性是指一个人或一群人区别于其他人或群体的独特心理特征，例如自信、热情、刚强、自主、保守、谦逊和孤僻等。品牌也存在个性，消费者更倾向于选择与自身个性相符的品牌。因此，在分析消费者行为时，对个性的研究是很重要的。例如，一家啤酒公司发现，啤酒引用量较大的人都比较外向、自强。公司根据这种情况，就可建立一种能吸引这类消费者的品牌形象，通过广告大力宣传与这些人性格要求相符的产品特色，使得这些喜欢饮用啤酒的人有亲近感，觉得这正是属于他们的品牌。

现在，不少市场营销人员还运用了另一个与性格相关的观念，叫作自我观念或自我形象。自我观念是描述我们如何看待自己或别人如何看待自己的一幅复杂心灵描绘。每一个人都会自认为自己是属于什么类型的人或认为别人会把自己看作是属于什么类型的人，因而在行为表现上应与自己的身份相符。因此，市场营销人员所塑造的产品形象，必须与目标市场消费者的自我形象相符，否则人们是不会选择那些不符合自我观念的产品和品牌的。

（四）心理因素

消费者的购买行为还受到心理因素的影响，分别是动机、感知、学习以及信念和态度。

1. 动机

动机是引起人们为满足某种需要而采取行动的驱动力量。动机产生于未满足的某种需要，这时心理上就会产生一种紧张感，驱使人们采取某种行动以消除这种紧张感。行为科学认为，缺乏的需要常常是行为的主要动机。因此，关于消费者动机的研究主要集中于对需要的研究，其中最著名的是马斯洛的需求层次论。马斯洛理论把需求分成生理需求、安全需求、爱和归属感、尊重与自我实现五类，依次由较低层次到较高层次排列。在自我实现需求之后，还有自我超越需求，但这一需求通常不作为马斯洛需求层次理论中必要的层次，大多数时候会将自我超越合并至自我实现需求当中。通俗地理解，假如一个人同时缺乏食物、安全、爱和尊重，通常对食物的需求是最强烈的，其他需求则显得不那么重要。此时人的意识几乎全被饥饿所占据，所有能量都被用来获取食物。在这种极端情况下，人生的全部意义就是吃，其他什么都不重要。只有当人从生理需求的控制下解放出来时，才可能出现更高级的、社会化程度更高的需求，如安全的需求。

（1）第一层次：生理的需求。这一层次的需求包括呼吸、水、食物、睡眠、生理平衡等。如果这些需求中任何一项得不到满足，人类个人的生理机能就无法正常运转。从这个意义上说，生理需求是推动人们行动最首要的动力。马斯洛认为，只有这些最基本的需求满足到维持生存所必需的程度后，其他的需求才能成为新的激励因素，而到了此时，这些已相对满足的需求也就不再成为激励因素了。

（2）第二层次：安全的需求。这一层次的需求包括人身安全、健康保障、财产所有性、工作职位保障以及家庭安全等。马斯洛认为，整个有机体是一个追求安全的机制，人的感受器官、效应器官、智能和其他能量主要是寻求安全的工具，甚至可以把科学和人生观都看成是满足安全需求的一部分。当然，当这种需求一旦相对满足后，也就不再成为激励因素了。

（3）第三层次：爱和归属感的需求。这一层次的需求包括友情、爱情、亲密关系等。人人都希望得到相互的关心和照顾。感情上的需求比生理上的需求来得细致，它和一个人的生理特性、经历、教育、宗教信仰都有关系。

（4）第四层次：尊重的需求。这一层次的需求包括自我尊重、信心、成就、对他人尊重和被他人尊重。人人都希望自己有稳定的社会地位，要求个人的能力和成就得到社会的承认。尊重的需求又可分为内部尊重和外部尊重。内部尊重是指一个人希望在各种不同情境中有实力、能胜任、充满信心、能独立自主。内部尊重就是人的自尊。外部尊重是指一个人希望有地位、有威信，受到别人的尊重、信赖和高度评价。马斯洛认为，尊重需求得到满足，能使人对自己充满信心，对社会满腔热情，体验到自己活着的价值。

（5）第五层次：自我实现的需求。这一层次的需求包括道德、创造力、自觉性、问题解决能力、公正度和接受现实的能力等。自我实现的需求是最高层次的需求，是指实现个人理想、抱负，发挥个人的能力到最大程度，达到自我实现境界的人，接受自己也接受他人，解决问题能力增强，自觉性提高，善于独立处事，要求不受打扰地独处，完成与自己的能力相称的一切事情的需求。也就是说，人必须干称职的工作，这样才会使他们感到最大的快乐。马斯洛提出，为满足自我实现需求所采取的途径是因人而异的。自我实现的需求是在努力实现自己的潜力，使自己越来越成为自己所期望的人物。

（6）更高需求。自我超越的需求是马斯洛需求层次理论的一个模棱两可的论点，通常被合并至自我实现需求中。1954年，马斯洛在《激励与个性》一书中探讨了他早期著作中提及的另外两种需求：求知需求和审美需求。这两种需求未被列入到他的需求层次排列中，他认为这二者应居于尊敬需求与自我实现需求之间。

一般来说，五种需求像阶梯一样从低到高，按层次逐级递升，但这种次序不是完全固定的，可以变化，也有一些例外情况。某一层次的需求相对满足了，就会向高一层次发展，追求更高一层次的需求就成为驱使行为的动力。相应地，获得基本满足的需求就不再是一股激励力量。把握顾客的不同需求，就是把握商机。

2. 感知

人们依靠自己的五官来了解身边的信息，分别是视觉、听觉、嗅觉、触觉和味觉。感知，是人们通过收集、整理并解释信息，形成有意义的世界观的过程。每个人接受和解释感官信息的方式各不相同，对相同的刺激也会产生不同的感知。这是由于存在选择性关注、选择性曲解和选择记忆这三种加工处理程序的原因。

（1）选择性关注。每一个消费者每天都会接收大量的信息。例如在开车上班的路上，会在路边看到各式各样的广告牌，从广播中听到新闻、评论和广告，听到身边家人谈论许多商店和商品。很显然，一个人不可能全部接收身边所有的信息，于是就产生了选择性关注。选择性关注是指消费者不自觉地控制是否关注某一信息。一般说来，影响消费者选择关注信息的原因有：消费者的眼前需求，消费者容易关注那些有助于满足眼前最紧迫的需求的信息；消费者所持的态度与看法，一般情况下，消费者会选择那些符合或补充、加强其现有态度和看法的信息，而拒绝那些与其态度和看法相冲突的信息；消费者不知道或缺乏知识的领域，消费者对于有关这些方面的信息一般也较关心和注意接收。

（2）选择性曲解。有些信息虽然被消费者关注和接收，但其影响作用不一定与信息发布者原来所预期的一致。因为在消费者对其所关注信息进行加工处理的过程中，每个人都会按照自己的一套方法加以组织和解释。也就是说，消费者一旦将信息接收过来，就会将它扭曲，使其与自己的观点和以前接收的信息协调一致。因此，就使得接收到相同信息的消费者有不同的感觉。

（3）选择记忆。人们对其接触、了解过的许多东西常常会遗忘，仅记得那些与其观点、想法一致的信息，即消费者往往会记住自己喜爱品牌的优点，而忘掉其他竞争品牌的优点。

由于上述三种感觉加工处理程序，使得同样数量和内容的信息对不同的消费者会产生不同的反应，而且都会在一定程度上阻碍消费者对信息的接收。这就要求市场营销人员必须采取相应的市场营销策略，例如大力加强广告宣传，不断提高和改善商品的质量和外观造型、包装等，以打破各种感知障碍，使商品信息更易为消费者所关注、了解和接收。

3.学习

学习是指由经验而引起的个人行为的改变。它既可以表现为公开行为的改变，也可以表现为言语上和思想上的改变。学习是通过驱动、刺激物、诱因、反应和强化的相互影响而产生的。

驱动是一种引发行为的内在动力；刺激物是可以满足内在驱动的物品；诱因是决定人们何时、何地、如何做出选择的外在因素；反应是消费者为满足某一目的所作出的选择；强化是通过某一事物增强或避开某种行为的过程。例如，第一次喝某品牌的白酒，感觉特别好，下次还会再购买；如果第一次喝某品牌的白酒，觉得很难受，下次就不会再购买了。这就是正强化与负强化。市场营销环境不断变化，新产品、新品牌不断涌现，消费者必须在经过多方收集信息后，才做出购买决策，这本身就是一个学习的过程。

4.信念和态度

信念是个人对事物持有的具体的、描述性的看法。例如，有的摄影爱好者认为佳能相机最好，而有的人认为尼康相机最好。态度是个人对事物或观念相对稳定的评价、感觉和偏好。态度是由许多相关的信念构成的，因而比信念更复杂、更持久。态度导致人们对某一事物产生好感或厌恶、亲近或疏远的心情。一个人的态度呈现出稳定一致的模式，因为人们没有必要对每一件事物都用新的方式做出解释和反应。因此态度使人们对相似的事物产生相当一致的行动，并且较难改变。针对这一特点，企业应该使自己的产品适合消费者既有的态度，而不是试图改变他们的态度。

三、消费者购买决策过程

（一）消费者购买行为类型

消费者对不同类型产品的购买行为各不相同。越复杂的产品往往包含越多的购买参与者，购买也越慎重。根据购买者的介入度以及品牌间的差异度，可以将消费者购买行为分为四种类型，如图 4–2 所示。

	高介入	低介入
品牌间差异显著	复杂的购买行为	寻求多样化的购买行为
品牌间差异较小	降低失调的购买行为	习惯性的购买行为

图 4–2 消费者购买行为类型

1. 寻求多样化的购买行为

寻求多样化的购买行为是一种品牌间差异显著、消费者介入度低的购买行为。有些产品的品牌差异很明显，但是消费者不愿花太多精力去选择和估价，而是会不断变换所购产品的品牌。这样做并不是因为对产品不满意，而是为了寻求多样化。例如，购买饮料，消费者很少去仔细评价哪种饮料更好，而是不断尝试新的品牌和口味。针对这种购买行为类型，市场营销人员可采用促销的方式和占据有利货架位置等办法，吸引消费者购买。

2. 习惯性的购买行为

习惯性的购买行为是一种品牌间差异较小、消费者介入度低的购买行为。有些产品品牌差异很小，而且价格低廉且需要经常购买，消费者不需要花费太多精力去选择，更不需要经过信息搜集、反复对比评价等复杂的过程。消费者只是被动接受信息，出于熟悉和习惯来购买。例如，大米、面粉等，各品牌产品之间的差异并不大，有些甚至没有品牌，消费者也往往是根据经常购买的品牌选择继续购买。对于这类购买行为，市场营销人员可以通过价格优惠、广告宣传、独特包装等方式鼓励消费者购买或续购其产品。

3. 降低失调的购买行为

降低失调的购买行为是一种品牌间差异较小、消费者介入度高的购买行为。有些产品的品牌差异并不十分明显，消费者不经常购买，但是购买时有一定的风险，所以消费者一般要进行比较和评估，不过在评估后发现品牌差异不大而迅速做出购买决策。例如，家里购买一块羊毛地毯，因为羊毛地毯的价格较高，消费者往往会货比三家，但是发现各品牌间差异不大，只要价格合理、购买方便，就会决定购买。购买以后，消费者也许会感到不够满意，就会经历购买后的不协调，然后寻求各种理由来降低这种不协调的感觉，以证明自己的决策是对的。针对这种购买行为，市场营销人员应当注重售后服务，提供给消费者相信自己的购买决策没有错的证据和支持。

4. 复杂的购买行为

复杂的购买行为是一种品牌间差异显著、消费者介入度高的购买行为。当消费者购买一件贵重的、不常买的、有风险的而且又有意义的产品时，由于品牌差异大，消费者对产品缺乏了解，因而需要有一个学习的过程来广泛了解产品的性能和特点，从而对产品产生某种看法，然后决定是否购买。例如，购买汽车，消费者都会经过对汽车各项性能指标的了解和学习，才会决定购买。对于这类的购买行为，市场营销人员应采取有效措施帮助消费者了解产品性能及其重要性，并介绍产品优势以及给购买者带来的利益，从而影响消费者的最终选择。

（二）消费者购买决策过程

消费者购买决策过程分为五个阶段：确认需求、收集信息、评估方案、决定购买和购后行为，如图4-3所示。

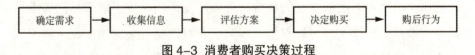

图4-3 消费者购买决策过程

整个购买决策过程的速度可能很快，也可能很慢。在经常性购买中，消费者常常跳过或颠倒某些阶段的顺序，这与消费者的特点和产品的属性相关。例如，男士在购买洗面奶时可能会跳过收集信息和评估方案的阶段，直接进入决定购买环节。

1. 确认需求

消费者的购买过程要从确认某一问题或需求开始。消费者需求往往由两种刺激引起：一是内在刺激，例如一个人饥饿到某种程度时，就成了一种内在驱动力；二是外在刺激，例如观看某手机的新品发布会，就会考虑换一部该品牌的新手机。市场营销人员应该对消费者需求进行研究，识别出引起消费者某种需求的原因，从而引导消费者去关注能够帮助他们解决问题、满足需求的产品。

2. 收集信息

消费者确认了自己的需求后，就进入到收集信息的阶段。消费者的信息来源主要有个人来源（家庭、朋友、邻居、熟人）、商业来源（广告、推销员、经销商、包装、展览会）、公共来源（大众媒体、消费者评比机构）和经验来源（处理、检查和使用产品）等。市场营销人员应对消费者使用的信息来源认真加以识别，并评价其各自的重要程度以及询问消费者最初接到品牌信息时有何感觉等。针对这个阶段，企业营销的关键是要能掌握消费者在收集信息时会求助于哪些信息源，并能通过这些信息源向消费者施加影响力。

3. 评估方案

消费者评估购买方案往往根据消费者的特点和所购产品的属性表现出不同的特征。例如，有时消费者会精打细算、货比三家，有时又会不加思考、冲动购买；有时消费者会自行决策，有时又会考虑家人、朋友或销售人员的建议。消费者对购买方案的评价一般要涉及产品属性（即产品能够满足消费者需要的特性）、属性权重（即消费者对产品有关属性所赋予的不同的重要性权数）、品牌信念（即消费者对某品牌优劣程度的总的看法）、效用函数和评价模型等问题。因此，市场营销人员应该研究消费者评估方案所考虑的因素，采取措施去影响消费者的选择。

4. 决定购买

评价方案会使消费者对可供选择的产品和品牌形成某种偏好，从而形

成购买意图，进而决定购买。但是，在购买意图和决定购买之间，有两种
因素会产生影响：一是别人的态度，二是意外情况。例如，某人本来看中
了某品牌的电脑，但在决定购买之前，看到了网上有使用过该电脑的网友
抱怨这款电脑的缺点，又或者家里有突发状况需要急用这笔钱，都可能导
致取消购买决定。所以，偏好和购买意图并不总能导致实际购买，尽管二
者对购买行为有直接影响。消费者修正、推迟或者回避做出某一购买决定，
往往是受到了可觉察风险的影响。市场营销人员必须了解引起消费者有风
险感的那些因素，进而采取措施来减少消费者的可觉察的风险。

5. 购后行为

购买产品后，营销人员的工作并没有结束。因为消费者在购买产品后
会产生某种程度的满意感或不满意感，也就是购后行为，营销人员应同样
对此予以关注。消费者对其购买活动的满意感与其对产品的期望和该产品
可察觉的性能相关。如果期望大于产品可察觉性能，消费者就会感到不满意；
如果期望等于产品可察觉性能，消费者就会感觉满意；如果期望小于产品
可察觉性能，消费者就会非常满意。期望和可察觉性能之间的差距越大，
消费者的不满意感也就越强烈。所以，市场营销人员应使其产品真正体现
出其可觉察性能，以便使消费者感到满意。事实上，那些有保留地宣传其
产品优点的企业，反倒使消费者产生了高于期望的满意感，并树立起良好
的产品形象和企业形象。

第二节 组织市场与购买行为分析

一、组织市场的类型、特点和购买行为模式

（一）组织市场的类型

组织市场可以分为产业市场、中间商市场和政府市场。产业市场是指

所有购买产品和服务，并将其用于生产其他产品和服务，以供销售、出租或供应给其他的人的个人和组织。它是组织市场中规模最大的一种市场类型。中间商市场是指将购买的产品再度出售或出租，以获得利润的个人和组织。政府市场是指那些为执行政府主要职能而采购或租用商品的各级政府单位。

（二）组织市场的特点

组织市场规模巨大，所涉及的销售金额和产品项目数量其实远远大于消费者市场。组织市场与消费者市场在某种程度上类似，两者都涉及为满足需求而承担购买角色和制订购买决策的人。但是，组织市场又在许多方面与消费者市场不同，主要体现在市场结构和需求特征、购买单位的性质、决策类型和决策过程等方面。

1. 市场结构和需求特征

组织市场的购买者通常人数较少，而规模较大。组织市场在地理位置上比较集中。组织市场的需求是引申的需求，即组织购买者对产品的需求归根到底是从消费者对消费品的需求引申而来的。组织市场的需求是缺乏弹性的，也就是说，价格的变动对组织市场总需求量的影响不大，特别是在短期的情况下。组织市场的需求波动性较大，即许多工业产品或服务的需求比消费品需求变动大。当消费者的需求小幅增加时，工业产品需求会大幅度增加。

2. 购买单位的性质

与消费品采购相比，组织采购中参与购买的人数更多，并且更为专业化。由于组织市场中的产品，特别是一些生产用设备都是技术性非常强的，因此需要专业人员负责采购工作。

3. 决策类型和决策过程

组织采购通常涉及较大的金额，技术和经济上的考虑也更复杂。购买者组织中各个层级和部门的许多人员之间都会有复杂的相互影响。因此组织购买决策要比消费者购买决策复杂得多。

组织购买过程通常比消费者购买过程更加正式。大机构的采购通常要求详细的产品规格、书面的订购单、审慎寻求供应商和正式的批准。

最后，在组织购买过程中，购买者和销售者通常需要相互依赖。组织市场的营销人员在购买过程的所有阶段中，都需要与顾客通力合作，从协助顾客确定问题、给出方案，到售后服务。公司除了要满足顾客现有的需求以外，还应该考虑顾客未来的需求，以建立持续不断的长期关系。

4. 其他特点

组织购买者通常直接向生产者购买，而不经过中间商购买，尤其是那些价格昂贵、技术含量较高的产品。

由于组织采购的产品多是价格高的产品，例如某些机械设备、车辆等。组织购买者常常倾向于租赁的方式，而不是直接购买的方式。

（三）组织市场的购买行为模式

组织市场的购买也是一个"刺激—反应"的过程，如图4-4所示。

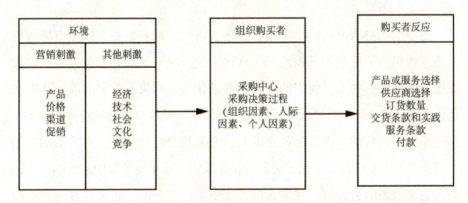

图 4-4 组织购买者行为模式

由图4-4可见，由营销和其他刺激因素影响组织购买者，进而引起购买者反应。各种因素的刺激是组织购买者决策的先导因素，市场营销者需要重视研究采用哪些有效的刺激措施，能够引起对营销者有利的购买反应。

在组织购买者中，购买行为取决于两个因素：一是采购中心；二是采购决策过程。这两个因素既受到组织因素、人际因素、个人因素的影响，也受到外部因素的影响。

二、影响产业购买行为的因素

产业购买者在做购买决策时会受到许多方面的影响，其中最重要的是环境因素、组织因素、人际因素和个人因素。

1. 环境因素

产业购买深受公司目前和未来的经济环境的影响，例如生产水平、投资额度、经济前景和资金成本等。在经济不景气时，产业购买者将不再进行厂房和设备的新投资。当前一个越来越重要的环境因素是某些重要原材料的短缺，例如石油、煤等，因此现在许多企业都会购买稀缺原材料。产业购买者同时也受技术、社会、文化习俗和竞争环境的影响。产业市场的营销人员应该随时注意这些因素，了解在新的环境下如何影响购买者，将问题变成机会。

2. 组织因素

每个组织都有其目标、政策、程序、组织结构和制度。产业市场营销人员应该尽量了解各种采购组织。具体来说，应该了解有多少人参与购买决策，他们是哪些人，他们的评判标准是什么，购买者公司的政策和限制是什么。产业市场的营销人员还应该注意采购方面的组织发展趋势。例如，由于原材料的短缺，许多公司在不断提升采购部门的地位，有些集团类的大型企业甚至专门设立了采购公司。企业采购逐渐出现了集中采购的趋势，即由总部或采购公司统一采购，进行集中管理和分配。越来越多的产业购买者要求订立长期合同，而不愿意签订短期合同。

3. 人际因素

采购组织中通常包括许多参与者，这些人有不同的职位、地位、利益、说服力等，并且彼此相互影响。参与者具有影响力的原因，可能是因为其控制奖励和惩罚，或是具有一定地位，或是具有专业知识，或是与公司高层有裙带关系等。人际因素往往非常微妙，产业营销人员应该具有敏感度，能够通过观察购买者的决策过程，意识到所涉及的人际关系，并设计能有效地应对这些因素的策略。

4. 个人因素

在购买决策过程中，每个参与购买决策的人总不免掺入个人动机、知觉和偏好因素。这些个人因素受年龄、收入、教育程度、个性和对待风险的态度所影响。也就是说产业购买者进行采购时，除了理智的需要，也需满足个人情感上的需要。

三、产业购买决策过程

（一）产业购买行为类型

产业购买者的购买决策通常可分为三种类型，每一类型都面临一系列的决策选择，但具体决策选择的数目是不同的。按其所需决策选择数目从少到多，可以分为直接重购、修正重购和新购三种类型。

1. 直接重购

直接重购是一种最直截了当，所需决策选择数目最少的采购类型。这种采购往往只有采购部门级别较低的人员按照过去的订货目录再次购买。直接重购的产品也往往是那些最频繁购买而且需不断补充使用的产品，例如一直使用的生产原材料、频繁采购的办公用品等。负责此项采购的人员在这些产品的库存量低于预定的水平时便简单地进行再订购，而且通常都向同一供应商订购，除非是供应商方面出了什么问题或出现了新的潜在供应者，并且新的供应商在供货条件、质量、价格等方面有更大的吸引力，才会使原购买决策者觉得有必要再考虑改变供应者。因此，原来的供应商必须尽最大的努力保持产品和服务的质量，并争取与客户达成运用自动订货系统的安排，一方面可以使采购者节省订货时间，另一方面也可以使自己加强与采购者之间的关联。

2. 修正重购

修正重购通常是直接重购的延伸，是对原先购买的产品规格、价格和交货期等进行修正的采购类型。由于要做上述这几方面的改变，就有可能要改变供应商或与原供应商协商某些新的条款。这样原来的供应商便会感到紧张，并且会全力以赴地保持这笔交易，而原先落选的供应商则认为这是重新获得这笔交易的大好机会。这种情况使得买卖双方都需要一定的决策过程，有更多的决策人员参与。适于这类购买情况的产品一般是小型手工工具、零配件、物料等。

3. 新购

新购是指产业购买者第一次购买某种产业用品。由于原材料、零部件、办公用品等一般都为频繁购买的产品，不存在新购的问题，因此新购的产品一般都是不常购买的产品，例如机械设备、计算机、新的厂房和仓库等。产业购买者执行这种采购任务时，通常都有一整套能满足企业要求的衡量标准，并且会考虑多家能够满足要求的供应者。这些供应者则力图说服购买者相信他们的产品和服务是性能最好或成本效益最佳的。由于新购的成本和风险较大，因此其所需决策选择数目也最多，采购过程也较复杂，它也是三种购买类型中最应该重视的一种。

（二）产业购买行为的参与者

在产业购买中，一般是由一个团体共同做出购买决策，只有极少数情况会由某一个人进行决策，大多数情况是许多来自不同领域和具有不同身份的人员直接或间接参与产业采购过程而做出有关决策。这样的一群人组成的团体称为决策单位或采购中心，他们在决策过程中怀着共同的目标并分担共同的风险。企业的采购中心通常包括五种角色，即使用者、影响者、采购者、决策者和信息控制者。这五种角色并非必须由五个人来承担，有时可能会出现一个人承担多个角色的情况，但即使五种角色由同一人承担，也仍将其视为一个决策单位。

1. 使用者

使用者是组织机构内使用所购买产品和服务的成员，他们往往是采购过程的发起者，甚至在很多情况下由他们提出技术上的购买要求。如果产品使用后达不到预定的标准，使用者所受损失也最大，因此在采购中心中他们被赋予一定行政上的权力，并在决策过程中受到其他同事的尊重。当他们拒绝接受或使用某一供应商所供应的某些具体产品时，是最不容易妥协的。

2. 影响者

影响者是直接或间接参与购买过程并在采购中心中发挥一定行政威力的人员。他们可以运用自己的技术知识施加压力，例如强调保持生产进度、维持设计要求，然后展示他们在定价、买卖方面的专业知识，影响购买决策人员的决定。例如，分管生产部门的经理在生产设备和原材料的购买上虽然不是直接使用者，也不是决策者，但却是有相当影响力的影响者。

3. 采购者

采购者通常是有权并运用相应知识进行谈判和替组织进行采购的采购代表或采购员。采购者有时也在采购决策中起某些作用，例如协助决定产品规格等，但他们的主要职责还是选择供应商和进行谈判。如果采购过程比较复杂，采购员里还会包括专门的谈判人员。

4. 决策者

决策者是机构中具有正式和非正式权力做出最后决策的人员，他对采购中心的其他成员的意见具有否决权。作为产业市场上的供应商，必须要清楚谁是客户采购中心的决策者，以便以决策者的需要为目标，有效地达成交易。

5. 信息控制者

信息控制者是那些可控制信息传入决策单位的人员。当采购中心其他成员侵犯采购经理的职权或越过采购程序时，采购经理常常起到这种作用，他可拒绝或阻止某些推销商或某些价格信息与采购中心成员接触。

（三）产业购买决策过程

产业购买决策过程分为八个阶段：确认问题、描述一般需求、确定产品规格、寻找供应商、征求方案、选择供应商、正式订购和评估使用结果，如图 4-5 所示。

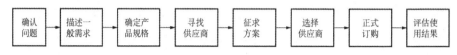

图 4-5 产业购买决策过程

1. 确认问题

当公司内部有人发现，购买某产品或服务可以解决某个问题或者满足某种需要时，这就是购买过程的开始。确认问题可以是由公司内部或公司外部的刺激而产生的。例如，在公司内部，决定推出一款新产品而需要采购新的原材料和机械设备，采购经理对现行供应商的供货质量和价格产生质疑而要寻找新的供应商；在公司外部，采购者接到了某一产品的推销电话或是参加了某个展销会，从而要采购所需要的产品。

2. 描述一般需求

一旦确认了问题，接下来就要准备一般需求说明书，以确定产品的一般需求和数量。对标准化的产品，这不是大问题，但是对于复杂的产品，采购人员必须与公司内部其他部门的人员商量。他们必须评估产品的耐用性、可靠性、价格和其他属性。在这个阶段，卖方可以提供很多帮助，因为买方往往不了解各种产品的详细特点和价值，积极的营销者可以帮助买方描述公司的需求。

3. 确定产品规格

这一阶段，购买者要确定产品的技术规格，这项工作往往是在价值分析工程小组的协助下完成的。价值分析是一种降低成本的分析方法，它仔细研究产品的各个元件是否重新设计、实行标准化或者使用更便宜的方式生产。价值分析工程小组会决定适当的产品特性并确定其规格，将其要求列入说明书中，作为采购选择的依据。

4. 寻找供应商

购买者为寻求适当的供应商，可以查阅工商企业名录、网络资料或者征询其他公司的意见，然后剔除一些无法充分供应或者交货与信誉不佳的供应商，形成一份人数较少的合格供应商名单。购买任务越新，项目越复杂、越昂贵，耗费在寻求供应商上的时间就越多。供应商必须将自己的资料展示在网络等公开渠道上，并且在市场上建立良好的声誉。

5. 征求方案

一旦确定几名供应商，必须尽快请他们提出方案和报价。对于复杂和昂贵的产品项目，买方可能会要求详细的计划书，然后在其中挑选部分公司开会介绍详细计划，以便进一步评估。产业市场营销人员必须精于研究、撰写计划书和介绍演讲。计划书应该是营销文件而不是技术文件。这种文件必须能够令人产生信心，要使本公司胜过竞争者，成为潜在客户的理想供应商。

6. 选择供应商

在此阶段，采购中心的成员将审核提交上来的计划书，并进行供应商分析，从而选择供应商。他们考虑的不仅是产品的质量和价格，还要考虑交货时间、付款条件、售后保障等其他因素。通常，采购中心会列出一份有关供应商属性及其重要性的清单，一般被认为是重要的属性有：优质的产品和服务，按时交货，有道德的公司行为，具有竞争力的价格。其他还有一些，像维修、服务能力，技术支援及咨询，地理位置，历史业绩及信誉等也是比较重要的因素。采购中心按照这些属性对备选供应商进行评估，挑选出最合适的供应商。

7. 正式订购

买方确定供应商之后，必须向供应商发订购单邀请，说明产品的规格、数量、希望交货的时间、退货条件和产品质量保证等，签订采购合同。供应商必须承诺在一定时间内，根据合同价格随时向买方供应所需产品。这是一种长期关系，存货存储在卖方手里。这种方式增加了向单一供应商购买产品的可能性。供应商与买方可以建立稳定的关系，减少其他供应商的可乘之机。

8. 评估使用结果

在这个阶段，采购单位会评估向某供应商采购的成果。采购单位将请使用单位根据满意程度对供应商予以评分，结论将影响公司与供应商的关系。供应商应该注意采购者评估绩效的各项指标，确保客户能够得到预期的满足。

第五章　市场竞争战略

第一节　竞争者分析

一、识别竞争者

对于一个企业来说，广义的竞争者是来自于多方面的。企业与自己的顾客、供应商之间，都存在着某种意义上的竞争关系。狭义地讲，竞争者是那些与本企业提供的产品或服务相类似、并且所服务的目标顾客也相似的其他企业。例如，可口可乐公司与百事可乐公司互为竞争者。竞争者既有潜在的，也有现实的，识别竞争者并非易事。我们可以从不同的角度来划分竞争者的类型：

（一）从行业的角度来看

1. 现有厂商

现有厂商指本行业内现有的与本企业生产同样产品的其他厂家，这些厂家是本企业的直接竞争者。

2. 潜在加入者

当一行业前景乐观、有利可图时，会引来新的竞争企业，使该行业增加新的生产能力，并要求重新瓜分市场份额和主要资源。另外，某些多元化经营的大型企业还经常利用其资源优势从一个行业侵入另一个行业。新企业的加入，将可能导致产品价格下降，利润减少。

3. 替代品厂商

与某一产品具有相同功能、能满足同一需求的不同性质的其他产品，属于替代品。随着科学技术的发展，替代品将越来越多，某一行业的所有企业都将面临与生产替代品企业进行竞争的局面。

（二）从市场方面来看

1. 品牌竞争者

企业把同一行业中以相似的价格向相同的顾客提供类似产品或服务的其他企业称为品牌竞争者。如家用空调市场中，格力空调、海尔空调、三菱空调等厂家之间的关系。品牌竞争者之间的产品相互替代性较高，因而竞争非常激烈，各企业均以培养顾客品牌忠诚度作为争夺顾客的重要手段。

2. 行业竞争者

企业把提供同种或同类产品，但规格、型号、款式不同的企业称为行业竞争者。所有同行业的企业之间存在彼此争夺市场的竞争关系。如家用空调与中央空调的厂家、生产高档汽车与生产中档汽车的厂家之间的关系。

3. 需要竞争者

提供不同种类的产品，但满足和实现消费者同种需要的企业称为需要竞争者。如航空公司、铁路客运、长途客运汽车公司都可以满足消费者出行的需要，当火车票价上涨时，乘飞机、坐汽车的旅客就可能增加。

4. 消费竞争者

提供不同产品，满足消费者的不同愿望，但目标消费者相同的企业称为消费竞争者。如很多消费者收入水平提高后，可以把钱用于旅游，也可用于购买汽车，或购置房产，因而这些企业间存在相互争夺消费者购买力的竞争关系，消费支出结构的变化，对企业间的竞争有很大影响。

（三）从企业所处的竞争地位来看

1. 市场领导者

市场领导者指在某一行业的产品市场上占有最大市场份额的企业。如宝洁公司是日化用品市场的领导者，可口可乐公司是软饮料市场的领导者等。市场领导者通常在产品开发、价格变动、分销渠道、促销力量等方面处于主导地位。市场领导者的地位是在竞争中形成的，但不是固定不变的。

2. 市场挑战者

市场挑战者指在行业中处于次要地位（第二、第三甚至更低地位）的企业。如高露洁是日化用品市场的挑战者，百事可乐是软饮料市场的挑战者等。市场挑战者往往试图通过主动竞争扩大市场份额，提高市场地位。

3. 市场追随者

市场追随者指在行业中居于次要地位，并安于次要地位，在战略上追随市场领导者的企业。在现实市场中存在大量的追随者。市场追随者最主要的特点是跟随。在技术方面，它不做新技术的开拓者和率先使用者，而是做学习者和改进者。在营销方面，不做市场培育的开路者，而是搭便车，以减少风险和降低成本。市场追随者通过观察、学习、借鉴、模仿市场领导者的行为，不断提高自身技能，不断发展壮大。

4. 市场补缺者

市场补缺者多是行业中相对较弱小的一些中小企业，它们专注于市场上被大企业忽略的某些细小部分，在这些小市场上通过专业化经营来获取最大限度的收益，在大企业的夹缝中求得生存和发展。市场补缺者通过生产和提供某种具有特色的产品和服务，赢得发展空间，甚至可能发展成为"小市场中的巨人"。

二、确定竞争者的目标

确定了谁是企业的竞争者之后，还要进一步搞清每个竞争者在市场上追求的目标是什么？有些企业追求的是"满意"的利润而不是"最大"的利润；有些企业考虑的是目标组合，如获利能力、市场占有率、技术领先等。企业还要了解每个竞争者的重点目标是什么，估计他们对不同的竞争行为将做何反应，企业还必须注意监视和分析竞争者的行为，如果发现竞争者开拓了一个新的细分市场，那么，这可能是一个新的市场营销机会；或者发现竞争者正试图打入属于自己的细分市场，那么，就应该抢先下手，予以回击。

三、确定竞争者的战略

各企业采取的战略越相似，它们之间的竞争就越激烈。在多数行业中，根据所采取的主要战略的不同，可将竞争者划分为不同的战略群体。一是不同战略群体进入的难易程度不同；二是当企业决定进入某一战略群体，首先要明确谁是主要的竞争对手，然后决定自己的竞争战略。除了同一战略群体内存在激烈竞争外，在不同战略群体之间也存在竞争。企业需要估计竞争者的优势和劣势，了解竞争者执行各种既定战略的情报是否达到了预期目标。为此，需搜集过去有关竞争者的情报和数据。既要看到竞争者的优势，也要利用对手的劣势，出其不意，攻其不备。

四、判断竞争者的反应

竞争者的目标、战略、优势和劣势决定了它对降价促销、新产品投放等市场竞争战略的反应。当企业采取某些措施和行动之后，竞争者会有不同的反应。主要有以下几种反应模式：

（1）从容不迫型竞争者。有些竞争者对其他企业的行动不做出迅速反应或反应不强烈。也许是他们觉得其顾客很忠诚；也许是他们对其他企业的行动缺乏观察力，反应迟钝；也许是他们没有做出反应的资金。

（2）选择性竞争者。有些竞争者只对某些类型的攻击做出反应，而不理睬其他类型的攻击。比如，对降价做出反应，以证明自己在这方面的抗衡能力，阻止对方降价策略的进一步实施。但对对手增加广告费用的行动，他们可能不在意，相信这对自己没多大的威胁。

（3）凶狠型竞争者。有些竞争者对所有的攻击都做出迅速反应。他们的用意在于向整个市场的竞争对手显示自己的实力与奋战到底的决心，使对手望而 却步。

（4）随机性竞争者。有些竞争者并不表现出固定的反应模式，即他们对于其他企业的攻击行动可能做出反应，也可能不做出反应，而且无论从经济、历史或其他方面分析，我们都很难找到他们做出反应的规律、预料他们将如何行事。

第二节　竞争力量与竞争战略

一、竞争力量分析

迈克尔·波特于 20 世纪 80 年代初提出的五种力量模型，将大量不同的因素汇集在一个简便的模型中，以此分析一个行业的基本竞争态势。五种力量模型确定了竞争的五种主要来源，即供应商和购买者的讨价还价能力、潜在进入者的威胁、替代品的威胁以及来自目前在同一行业的公司间的竞争。一种可行战略的提出首先应该包括确认并评价这五种力量，不同力量的特性和重要性因行业和公司的不同而变化，如图 5-1 所示。

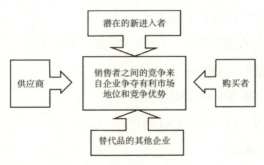

图 5-1 五种竞争力量模型

1.供应商的讨价还价能力

供应商影响一个行业竞争者的主要方式是提高价格（以此榨取买方的

盈利），降低所提供产品或服务的质量，下面一些因素决定了它的影响力：

（1）供应商所在行业的集中化程度；

（2）供应商产品的标准化程度；

（3）供应商所提供的产品成本在企业整体产品成本中的比例；

（4）供应商提供的产品对企业生产流程的重要性；

（5）供应商提供产品的成本与企业自己生产的成本之间的比较；

（6）供应商提供的产品对企业产品质量的影响；

（7）企业原材料采购的转换成本；

（8）供应商前向一体化的战略意图。

2. 购买者的讨价还价能力

与供应商一样，购买者也能对行业盈利性造成威胁。购买者能够强行压低价格，或要求更高的质量或更多的服务。为达到这一点，他们可能使生产者互相竞争或者不从任何单个生产者那里购买商品。购买者一般可以归为工业客户或个人客户，购买者的购买行为与这种分类方法一般是不相关的。有一点例外是，工业客户是零售商，他可以影响消费者的购买决策，这样，零售商的讨价还价能力就显著增强了。以下因素影响购买者集团的议价能力：

（1）集体购买；

（2）产品的标准化程度；

（3）购买者对产品质量的敏感性；

（4）替代品的替代程度；

（5）大批量购买的普遍性；

（6）产品在购买者成本中占的比例；

（7）购买者后向一体化的战略意图。

3. 新进入者的威胁

一个行业的新进入者通常带来大量的资源和额外的生产能力，并且要求获得市场份额。除了完全竞争的市场以外，行业的新进入者可能使整个市场发生动摇。尤其是当有步骤、有目的地进入某一行业时，情况更是如此。

新进入者威胁的严峻性取决于一家新的企业进入该行业的可能性、进入壁垒以及预期的报复。其中第一点主要取决于该行业的前景如何，行业增长率高表明未来的盈利性强，而眼前的高利润也颇具诱惑力。进入壁垒是那些想成功进行竞争的新进入者所必须克服的障碍。进入壁垒通常会延缓潜在进入者进入市场的时机，但不会构成永久的障碍。进入壁垒通常包括规模经济、进入市场的资金要求、进入分销渠道、经验、预期的报复、立法、政府行为及差异化等。

对于以上两种威胁，客户需要研究进入壁垒的难易的条件因素，如钢铁业、造船业、汽车工业，规模经济是进入壁垒的重要条件，此外还有产品的差异条件，如化妆品及保健品行业产品的差异条件是进入壁垒的主要条件之一。

4. 替代品的威胁

替代品是指那些与客户产品具有相同功能或类似功能的产品。如糖精从功能上可以替代糖，飞机远距离运输可能被火车替代等，那么生产替代品的企业本身就给客户甚至行业带来了威胁，替代竞争的压力越大，对客户的威胁越大。决定替代品压力大小的因素主要有：

（1）替代品的盈利能力；

（2）替代品生产企业的经营策略；

（3）购买者的转换成本。

行业中的每一个企业或多或少都必须应付以上各种力量构成的威胁，而且客户必须面对行业中的每一个竞争者的举动。除非认为正面交锋有必要而且有益处，例如要求得到很大的市场份额，否则客户可以通过设置进入壁垒，包括差异化和转换成本来保护自己。

5. 行业内现有竞争者的竞争

大部分行业中的企业，相互之间的利益都是紧密联系在一起的，作为企业整体战略一部分的各企业竞争战略，其目标都在于使得自己的企业获得相对于竞争对手的优势，所以，在实施中就必然会产生冲突与对抗现象，这些冲突与对抗就构成了现有企业之间的竞争。

现有企业之间的竞争常常表现在价格、广告、产品介绍、售后服务等方面，其竞争强度与许多因素有关。

一般来说，出现下述情况将意味着行业中现有企业之间竞争的加剧，这就是行业进入壁垒较低，势均力敌的竞争对手较多，竞争参与者范围广泛；市场趋于成熟，产品需求增长缓慢；竞争者企图采用降价等手段促销；竞争者提供几乎相同的产品或服务，用户转换成本很低；一个战略行动如果取得成功，其收入相当可观；行业外部实力强大的公司在接收了行业中实力薄弱的企业后，发起进攻性行动，结果使得刚被接收的企业成为市场的主要竞争者；退出障碍较高，即退出竞争要比继续参与竞争代价更高。在这里，退出障碍主要受经济、战略、感情以及社会政治关系等方面的影响，具体包括资产的专用性、退出的固定费用、战略上的相互牵制、情绪上的难以接受、政府和社会的各种限制等。

二、一般竞争战略

竞争战略是指在正确界定和分析竞争对手和竞争形势后，企业计划在一段较长时期内采用的主要竞争手段。也可以说竞争战略就是确立企业竞争优势的谋划。

美国著名的战略学家迈克尔·波特在其 1980 年出版的《竞争战略》一书中指出，企业要获得竞争优势，一般有两条道路：一是在行业中成为成本最低的生产商；二是在企业的产品和服务上形成与众不同的经营特色。基于这两条道路，迈克尔·波特提出了可供企业选择的三种基本竞争战略：成本领先战略、差别化战略、目标聚焦战略。

1. 成本领先战略

成本领先战略是指企业以低成本作为主要的竞争手段，企图使自己在成本方面比同行业的其他企业占有优势地位。为了实现低成本，企业应发挥规模经济的作用，使生产规模扩大、产量增加，从而降低单位产品的固定成本。此外还要争取做到以较低的价格取得生产所需的原材料和劳动力；使用先进的机械设备，增加产量，提高设备利用率、劳动生产率、产品合格率；强化管理，最大限度地降低和控制成本与管理费用，使企业的总成本低于竞争对手，以创造赢得竞争优势。

成本领先可以从以下几个方面给企业带来竞争优势：

（1）可以获得高于产业平均利润的利润；

（2）可以有较大的降价空间，可有效地实施价格竞争，提高企业的价格竞争能力；

（3）可以以较低的价格销售商品，有利于扩大销售额，提高市场占有率；

（4）可以以较低的价格限制潜在竞争者的加入。

美国福特汽车，我国的格兰仕微波炉等都曾因成功地实施此战略赢得竞争优势，并取得巨大成功。但是，当同行企业都采取各种措施使成本最小化达到或接近极限时，这一战略就会失去实用价值。

2. 差异化战略

差异化战略或称标新立异战略就是使企业提供的产品或服务标新立异，有别于竞争者而具有鲜明的个性和特色，以创造和提升企业竞争优势的战略。

差异化可以通过许多方面来体现，如产品的性能、质量、外观、品牌形象、技术、客户服务、经销网络等，企业只要在其中某一方面或某几个方面与竞争者有所不同，并对潜在顾客具有较大的吸引力，就能取得优势地位。

成功地实施差异化战略可带来的优势竞争有：

（1）使企业减少与竞争对手的正面冲突，取得某一领域的竞争优势；

（2）利于扩大企业和品牌的知名度，强化顾客的品牌偏好和忠诚度；

（3）能有效地将顾客的注意力吸引到企业鲜明的个性和特色上，降低顾客对价格的敏感度，从而有利于企业抵御价格竞争的冲击，增加企业利润；

（4）具有特色的产品还能有效地防止替代品的威胁。

但实施这种战略可能需要以付出较高的成本为代价，当较多的顾客没有能力或不愿意为差异化的产品支付高价格时，企业的市场占有率就很难提高；此外，企业在某些方面的经营特色也可能被其他企业打破。因此，企业采用这一战略时需要有不断创新的精神。

3. 目标聚焦战略

目标聚焦战略是企业将经营重点集中在某一特定的顾客群体、某产品系列或某一特定的地区市场上，力争在局部市场取得竞争优势。

具备以下四种条件，采用集中化战略是适宜的：

（1）具有完全不同的用户群，这些用户或有不同的需求，或以不同的方式使用产品；

（2）在相同的目标细分市场中，其他竞争对手不打算实行重点集中战略；

（3）企业的资源不允许其追求广泛的细分市场；

（4）行业中各细分部门在规模、成长率、获利能力方面存在很大的差异，致使某些细分部门比其他部门更有吸引力。

此外，目标聚焦战略一方面能满足某些消费者群体的特殊需求，具有与差异化战略相同的优势；另一方面因可以在较窄的领域里以较低的成本进行经营，又兼有与低成本战略相同的优势。

五种竞争力量与一般竞争战略之间的关系见表5-1。

表5-1 波特"五力模型"与一般竞争战略的关系

进入障碍	具备杀伤能力以阻止潜在对手的进入	培育顾客忠诚度以挫伤潜在进入者的信心	通过集中战略建立核心能力以阻止潜在对手的进入
买方砍价能力	具备向大卖家提供更低价格的能力	因为选择范围小而削弱了大买家的谈判能力	因为没有选择范围使大买家丧失谈判能力
供方砍价能力	更好地抑制大卖家的砍价能力	更好地将供方的涨价部分转嫁给顾客方	进货量低，供方的砍价能力就高，但集中差异化的公司能更好地将供方的涨价部分转嫁出去
替代品的威胁	能够利用低价抵御替代品	顾客习惯于一种独特的产品或服务因而降低了替代品的威胁	特殊的产品和核心能力能够防止替代品的威胁
行业内对手的竞争	能更好地进行价格战略	品牌忠诚度能使顾客不理睬你的竞争对手	竞争对手无法满足集中差异化顾客的需求

第六章 企业战略

第一节 企业战略的特征与层次结构

一、企业战略的特征

企业要在不断变化的环境中生存和发展，必须用长远和系统的眼光看待经营管理问题，必须在目标、资源和市场机会三者之间找到最佳的配合方式，从而赢得竞争优势。企业战略是企业根据外部环境及内部资源和能力状况，为获取竞争优势从而求得企业长期生存和不断发展所做出的总体谋划。具体说来，企业战略是在符合和保证实现企业宗旨的前提下，在充分利用环境中存在的各种机会和创造新机会的基础上，确定企业同环境的关系，规定企业从事的经营范围、成长方向和竞争对策，合理地调整企业结构和资源配置，以获得某些竞争优势，从而使企业不断成长。

企业战略具有以下特征：

（1）全局性。企业战略要符合整个世界政治、经济、科技的发展趋势；符合所在国的政治、经济、科技的发展趋势；符合企业所在行业的发展趋势；符合本企业的发展趋势。

（2）长远性。企业战略是为企业的明天而进行抉择，要解决企业在未来几年甚至几十年的生存和可持续发展问题，而并非对外界的短期波动做出反应。

（3）系统性。企业战略从指导思想、方针、政策到措施，从总体战略、事业部战略到职能战略，从外部环境到内部条件，都要保持统一和协调。

（4）竞争性。企业战略就是在激烈的竞争中赢得竞争优势，发展和壮大自己。当然，有竞争就有风险，合作也是竞争的一种表现形式。

（5）复杂性。企业战略的制订是企业高层领导者价值观的反应，是一种高智慧、复杂脑力劳动及集体决策的结果，是非程序性决策；企业战略的实施也是非常复杂的，既涉及人、财、物，又涉及供、产、销以及客户等。

（6）创新性。创新源于变化，企业战略只有创新才能适应企业内外环境的变化，墨守成规的战略是无法适应时代要求的。因而，有人称战略就是革命。

（7）稳定性。企业战略必须在一定时期内保持相对的稳定性，否则就失去了指导意义。但也要根据环境的变化进行相应的调整，以保证战略目标的实现。

二、企业战略的构成要素

企业战略由以下四个要素构成：

（1）经营范围。指企业从事经营活动的领域。它反映出企业与外部环境相互作用的程度，企业应根据所处的行业、市场及产品来确定。

（2）资源配置。指企业对资源和技能进行配置、整合的能力与方式。资源配置的优劣极大地影响企业战略的实施能力。

（3）竞争优势。指企业通过经营范围的决策和资源配置模式，在市场上形成的竞争地位。它可以来自产品、品牌及特殊资源。

（4）协同作用。指在投资、作业、销售、管理等方面相互协调所取得的效果，也就是整合作用。

三、企业战略的层次

（1）公司战略。它是企业总体的、最高层次的战略。主要从公司全局出发，选择经营领域和有效分配资源，以实现公司整体的战略意图。

（2）经营单位（事业部）战略。它是在公司战略范围内选择事业部的竞争战略，发挥其竞争优势。战略经营单位通常具有这样一些特征：

①有自己的业务。可能是一项独立的业务，也可能是一组互相联系，但在性质上可与企业其他业务分开的业务。因为它们有着共同的任务，所以有必要作为一个单位进行管理。

②有共同的性质和要求。不论是一项业务还是一组业务，都有它们共同的经营性质和要求，否则无法为其专门制订经营战略。

③掌握一定的资源，能够相对独立或有区别地开展业务活动。

④有竞争对手。这样的战略经营单位才有其存在的意义。

（3）智能战略。它是为了贯彻、实施公司战略和经营单位战略而在特定的职能领域制订的战略。如产品、财务、营销等战略。

四、战略管理的作用

战略管理是企业高层管理者为求得企业生存和可持续发展，在分析外部环境和内部条件的基础上，制订和选择达到企业目标的有效战略方案，并付诸实施和加以控制的动态管理过程。战略管理在企业管理中起着十分重要的作用：

（1）战略管理能有效地达成企业目标与外部环境和内部条件之间的动态平衡。

（2）战略管理通过战略分析、战略选择、战略实施与控制系统的不断完善，可以有效地指导管理实践。

（3）战略管理可以更有效地配置资源，提高各方面的协同效果，提升企业竞争力。

第二节　战略规划

一、战略管理的一般过程

战略管理是由战略分析、选择和实施所构成的相互联系的动态管理过程。

1.战略分析

战略分析指对企业的战略环境进行调研、分析、评价，并预测其未来走势，尤其是对外部环境中的机会和威胁、内部条件中的优势和劣势以及使命、愿景、目标进行深入细致的分析，为形成战略方案奠定基础。

2.战略选择

在战略分析的基础上，要对战略方案进行探索、制订、评价和选择。主要解决两个基本战略问题：一是确定企业的经营领域；二是确定企业的竞争优势。在出现多方案的情况下，就要对各方案进行评价和鉴别，以便选出适合企业的方案。

3.战略实施

战略方案确定后，企业还要从资源规划与配置、组织结构调整、选择高层管理者等方面来推进战略的实施。在战略具体化和实施过程中，必须对战略的实施加以调控，以保证战略目标的实现。

二、企业战略规划

1.企业外部环境分析

（1）企业宏观环境分析：分析和预测宏观环境因素的变化，可以使企业战略管理者获得行业和企业的背景知识。宏观环境分析的目的是要确定影响行业和企业的关键因素，预测这些关键因素未来的变化，以及这些变化对企业影响的程度和性质、机遇与威胁。

（2）企业所处行业及竞争对手分析：主要分析行业竞争结构的五种因素的变化，分析竞争对手实力、战略和行为模式，在此基础上确认企业所面临的直接竞争机会与威胁。

2. 企业内部条件分析

（1）企业价值链分析：主要分析企业内部在进货后勤、生产作业、发货后勤、营销及售后服务等基本活动中存在的优势及劣势。同时还要分析采购、技术开发、人力资源管理及企业基础职能管理等辅助活动对价值链的支持活动，综合价值链的基本活动及辅助活动的分析，确认企业内部管理中存在的优势及劣势。

（2）企业资源、能力及核心竞争力的分析：从与竞争对手的比较中，分析企业的竞争优势，从竞争优势的可保持性、独特性、延展性及其价值判断其核心竞争力，从核心竞争力与行业特点的匹配判断企业是否需要建立新的核心竞争力或者进入相关行业。

（3）将外部环境分析与企业内部条件分析两部分整合起来，与寻找有吸引力的行业相匹配或者根据产业演化分析，重新进行产业创新。企业只有掌握了所在产业的命运，才能把握住企业自身的命运，而要掌握产业的命运，关键在于产业创新，它包括：

①竞争规划创新：现有产业企业之间竞争格局是由该产业领先者决定的，产业挑战者及跟随者只有设法改变产业的竞争规则，才有可能打破现有的竞争格局，成为产业新的领先者。

②重划产业界线：新出现的产业其界线往往难以划分，如计算机通信业，很难确定它是属于计算机产业还是属于通信产业，只有重新设计产业界线，企业才能认识并发现其竞争对手和合作伙伴，从而找出新的竞争空间。

③创造全新产业：通过顾客前瞻式思考，依靠企业核心能力，为顾客提供全新的产品或服务，从而创造一个全新产业，如个人电脑业崛起、沃尔玛商业超市连锁的导入。企业如能创造一个全新的产业，该企业就能主

导这个产业的发展走向，决定该产业竞争规则，从而把握企业发展命运。

由于产业创新又往往需要建立新的核心能力，这就需要企业将事业部的核心能力重新整合，例如夏普是以整个企业为一体的方式与东芝、卡西欧、索尼等公司开展竞争，才在平面显示器领域建立起世界领先地位。

3. 确定企业的使命与愿景

企业使命与愿景是对企业存在意义及未来发展愿景的陈述，除表明企业长期存在的合法性及合理性外，还要所有者和企业主要利益相关者的价值观或期望一致，它应富有想象，对企业员工有很强的感召力，并能得到社会公众认可；它应用简单、精练的语言来表达。

4. 确定企业战略目标

企业战略目标通常是与企业使命与愿景相一致的，是对企业发展方向的具体陈述。一般情况下，它是定量的描述。

企业战略具体目标是要尽量数量化的指标，如某企业集团到 2025 年营业收入要达到 500 亿元人民币，这就是一个战略目标。企业数量化指标便于分解落实，便于检查，便于动员群众为实现目标而努力奋斗。

5. 企业战略方案的评价与选择

企业高层领导在做战略决策时，应要求战略制订人员尽可能多地列出可供选择的方案，不要只考虑那些比较明显的方案，因为战略涉及的因素非常多，有些因素的影响往往不那么明显，因此，在战略选择过程中形成多种战略方案是战略评价与选择的前提。

高层管理人员对每个战略方案按一定标准逐一进行分析研究，以决定哪一种方案最有助于实现战略目标。战略评估过程要坚持三条基本原则，即适用性、可行性及可接受性。既要使企业资源和能力能够支持战略方案的实现，同时对外界环境的限制条件是在可接受的限度内，也为企业的干部、职工所接受。选择可行性战略并不完全是理性推理的过程，更为重要的是取决于管理者对风险的态度、企业文化及价值观的影响、利益相关者的期望、企业内部的权利及政治关系，以及高层管理者的需要及欲望等，因此，战略选择的过程是对各种方案进行比较权衡，进而选择一个较为满意的方案的过程。

6. 企业职能部门战略

根据前述确定的企业战略，进一步具体化做出企业的组织机构战略、市场营销战略、人力资源开发与战略管理、财务管理战略等各职能部门战略，这样才能使企业总战略真正落实。要求各职能部门战略与企业战略保持一致。

7. 企业战略的控制与实施

企业战略实施遵循三个原则，即适度合理性的原则、统一领导与统一指挥的原则、权变的原则。为贯彻实施战略要建立起贯彻实施战略的组织机构，配置资源，建立内部支持系统，发挥好领导作用，使组织机构、企业文化能与企业战略相匹配，处理好企业各方面的关系，动员全体员工投入到战略实施中来，以保证战略目标的实现。

第三节　企业市场营销战略

市场营销战略是在企业营销哲学思想的指导下，在分析内外环境的基础上，对企业市场营销活动做出的总体的、长远的谋划。

市场营销战略作为企业总体战略的重要组成部分，已成为企业营销工作的龙头，是服务于企业总体战略的职能战略，并引导其他职能战略。

市场营销战略规划是一种管理过程，即企业的最高管理层通过规划企业的基本任务、目标以及业务组合，使企业的资源和能力同不断变化着的营销环境之间保持着与战略适应的关系。战略规划的主要内容和过程包括以下几个方面：①明确企业任务；②分析战略机会；③明确企业目标；④安排业务组合；⑤规划增长战略；⑥形成营销计划。

一、明确企业营销任务

企业的营销任务又称企业营销方向，是指在未来一个相当长的时期内，企业营销工作服务的对象、项目和预期达到的目的。营销任务是企业市场营销的业务和发展方向，要符合企业战略使命的总体要求。它涉及企业的经营范围及企业在社会分工中的地位，并把本企业和其他类型的企业区别开来。营销任务是企业市场营销的首要内容。企业的任务随着内外诸因素的变化而相应变化，一般用任务书来表达。

（一）企业营销任务的内容

企业的营销任务通过规定企业的业务活动领域和经营范围表现出来，主要回答"本企业是干什么的？""市场在哪里？""顾客的主要追求是什么？""企业应该怎样去满足这些需求？"等问题。这些问题具体表现为四个方面的内容：一是企业的服务方向，即企业是为哪些购买者服务的；二是产品结构，包括质量结构、品种结构、档次结构等，即企业拿什么样的产品来为购买者服务；三是服务项目，即企业为购买者提供哪些方面的服务；四是市场范围，即企业服务的市场有多大。

企业的营销任务随着时间的推移和企业内部条件、外部环境的变化而改变，但其具体内容不变。

（二）明确企业营销任务需考虑的因素

在确定企业营销任务时，企业需要考虑以下五个方面的主要因素：

（1）企业过去历史的突出特征；

（2）企业周围环境的发展变化。企业周围环境的发展变化会给企业造成一些环境威胁或市场机会；

（3）企业决策层的意图；

（4）企业的资源情况。这个因素决定企业可能经营何种业务；

（5）企业的特有能力。

（三）一个有效的任务书应具备的条件

一个有效的任务书应具备以下三个条件：

（1）任务书必须明确规定企业的经营范围；

（2）任务书必须具有激励性；

（3）任务书要强化企业的优良传统和共同价值。

二、分析企业战略机会

分析和判断企业的战略机会。最有效的评估手段就是 SWOT 分析法。

（一）SWOT 分析法的含义

SWOT 是一种分析方法，用来确定企业本身的竞争优势、竞争劣势、机会和威胁，从而将公司的战略与公司内部资源、外部环境有机结合。因此，明确公司的资源优势和缺陷，了解公司所面临的机会和挑战，对于制订公司未来的发展战略有着至关重要的意义。

SWOT 分析法很有针对性，有利于领导者和管理者在企业的发展上做出较正确的决策和规划。SWOT 分析法是分析组织的优劣势，面临的机会和威胁，其中，优劣势分析主要是着眼于企业自身的实力及其与竞争对手的比较，而机会和威胁分析将注意力放在外部环境变化及对企业的可能影响上。

（二）SWOT 分析法的步骤

（1）罗列企业的优势和劣势，可能的机会与威胁；

（2）优势、劣势与机会、威胁相组合，形成 SO、ST、WO、WT 策略；

（3）对 SO、ST、WO、WT 策略进行甄别和选择，确定企业目前应该采取的具体战略与策略。

（三）SWOT 分析法的内容

1. 优势与劣势分析（SW）

当两个企业在同一市场或者说它们都有能力向同一顾客群体提供产品和服务时，如果其中一个企业有更高的盈利率或盈利潜力，那么，我们就认为这个企业比另一个企业更具有竞争优势。换句话说，所谓的竞争优势（S）是指一个企业超越其竞争对手的能力，这种能力有助于实现企业的主要目标——盈利。但值得注意的是：竞争优势并不一定完全体现在较高的盈利率上，因为有时企业更希望增加市场份额，或者多奖励管理人员。

竞争优势可以是以下几个方面：①技术技能优势；②有形资产优势；③无形资产优势；④人力资源优势；⑤组织体系优势；⑥竞争能力优势。

竞争劣势（W）是指某种公司缺少或做得不好的东西，或指某种会使公司处于劣势的条件。可能导致企业劣势的因素有：①缺乏具有竞争意义的技能技术；②缺乏有竞争力的有形资产、无形资产、人力资源、组织资产；③关键领域里的竞争能力正在丧失等。

2. 机会与威胁分析（OT）

公司面临的潜在机会（O）：市场机会是影响公司战略的重大因素。公司管理者应当确认每一个机会，评价每一个机会的成长和利润前景，选取那些可与公司财务和组织资源匹配、使公司获得竞争优势的潜力最大的最佳机会。

潜在的发展机会可能是：①客户群的扩大趋势或产品细分市场；②技能技术向新产品新业务转移，为更大客户群服务；③前向或后向整合；④市场进入壁垒降低；⑤获得并购竞争对手的能力；⑥市场需求增长强劲，可快速扩张；⑦出现向其他地理区域扩张，扩大市场份额的机会等。

公司的外部威胁（T）：①出现将进入市场的强大的新竞争对手；②替代品抢占市场份额；③主要产品市场增长率下降；④汇率和外贸政策的不利变动；⑤人口特征，社会消费方式的不利变动；⑥客户或供应商的谈判能力提高；⑦市场需求减少；⑧容易受到经济萧条和业务周期的冲击等。

当然，SWOT分析法不是仅仅列出四项清单，最重要的是通过评价公司的优势、劣势、机会、威胁，最终得出以下结论：一是在公司现有的内外部环境下，如何最优地运用自己的资源；二是如何建立公司的未来资源。

三、确定企业营销目标

企业营销任务确定以后，要将这些任务具体化为企业的营销目标。

（一）企业营销目标的内容

营销目标是企业营销活动的总目标，是企业在一定时期内追求和想要取得的成果。企业的营销目标是一个综合的或多元的目标体系，一般包括四个方面的内容：市场目标、发展目标、利益目标、贡献目标，从不同角度多侧面地反映战略追求及业务活动所要达到的状态。

（1）市场目标。即企业在市场上竞争能力的提高程度，包括企业内在力量的提高程度和信誉的提高程度。竞争能力的提高指标具体表现为传统市场的渗透和新市场的开拓，市场占有率、销售增长率的提高等。

（2）发展目标。即企业能力和规模的扩大程度。具体表现为商品和服务的创新能力、经营管理水平的提高程度以及企业的发展、专业化协作而使企业规模扩大等。

（3）利益目标。即企业预计要取得的经济利益。具体表现为利润总额的扩大和资金利润率的提高程度、员工收入增长程度以及职工心理需要的满足程度。

（4）贡献目标。即企业的营销活动对社会做出的贡献状况。具体表现为向社会提供的商品或服务的数量和质量、自然资源的利用程度、环境保护的状况以及为社会的政治安定和生活提高所做的其他贡献等。

（二）确定企业营销目标的具体要求

一个较大的目标通常要分解为若干较小的、次一级的目标。因此，既要考虑目标体系的层次化，又要考虑目标之间的一致性。既要先进，又要合理。例如，产品品种、产销量、销售额、市场占有率等。

（1）层次化。企业的最高管理层规定了企业的任务之后，还要把企业的任务具体化为系列的各级组织层次的目标。各级经理应当对其目标心中有数，并对其目标的实现完全负责，这种制度叫作目标管理。

（2）数量化。目标还应尽可能数量化。

（3）适用性。这就是说，企业的最高管理层不能根据其主观愿望来规定目标水平，而应当根据对市场机会和资源条件的调查研究和分析来规定适当的目标水平。这样规定的企业目标才能实现。

（4）协调一致性。有些企业最高管理层提出的各种目标往往是互相矛盾的。

四、安排业务组合

在确定了企业任务和目标的基础上，企业的最高管理者还要对业务（或产品）组合进行分析和安排，即确定哪些业务或产品最能使企业扬长避短，发挥竞争优势，从而能最有效地满足市场需要并战胜竞争者。

（一）划分战略业务单位

企业的最高管理层在制订业务投资组合计划时，首先要把所有业务分成若干"战略业务单位"（Strategic Business Unit，SBU）。一个战略业务单位具有如下特征：它是单独的业务或一组有关的业务；它有不同的任务；它有竞争者；它有认真负责的经理；它掌握一定的资源；它能从战略计划中得到好处；它可以独立计划其他业务。

（二）战略业务组合的分析评价

企业的最高管理层在制订业务投资组合计划的过程中还要对各个战略业务单位的经营效益加以分析、评价，以便确定哪些单位应当发展、维持，哪些单位应该减少或淘汰。如何进行分析和评估呢？其中著名的分类和评价方法有两种：一是美国波士顿咨询集团的方法；二是通用电气公司的方法。

（1）波士顿咨询集团法（BCG）。波士顿咨询集团是美国一家著名管理咨询公司，该公司建议企业用"市场增长率—市场占有率矩阵"进行评估，简称BCG。

通过分析，可将所有业务单位（或产品）分为四类：明星类；奶牛类；

问题类；劣狗类。

各业务单位在矩阵中的位置不是固定不变的，经过一定时间总要发生变化，这种变化有两种可能：一是对企业有利的变化趋势，即按下列顺序变动：问题类—明星类—奶牛类；二是不利的变化趋势，即明星类—问题类—劣狗类。企业决策者应力争有利的变化趋势，避免不利的变化趋势。

在对各业务单位进行分析之后，企业应着手制订业务组合计划，确定对各个业务单位的投资战略。可供选择的战略有：拓展战略；维持战略；收割战略；放弃战略。

企业通过上述战略可以达到优化业务（或产品）组合的目的。但是，需要指出的是，上述四类战略业务单位在矩阵图中的位置不是固定不变的，任何产品都有其生命周期，随着时间的推移，这四类战略任务单位在矩阵图中的位置就会发生变化。

（2）通用电气公司法（GE法）。通用电气公司分析业务或产品组合的方法称为"战略业务规划网络"简称GE法。这种方法认为，除市场增长率和相对市场占有率之外，还需要考虑更多的影响因素。

这些因素可分为两大类：一是行业吸引力，其中包括的因素有市场大小、市场年增长率、历史的利润率、竞争强度、技术要求和由通货膨胀所引起的脆弱性、能源要求、环境影响以及社会、政治、法律的因素等；二是企业战略业务单位的业务力量，即战略业务单位在本行业中的竞争能力，其中包括的因素有市场占有率、市场占有增长率、产品质量、品牌信誉、商业网、促销力、生产能力、生产效率、单位成本、原料供应、研究与开发成绩以及管理人员等。企业的最高管理层对上述两大变量中的各个因素都要给出分数，各个因素都要加权，就可求出各个变量的加权平均分数。

多因素投资组合矩阵图分为三个地带：左上角地带，这个地带的三个小格是"大强""中强""大中"；从左下角到右上角的对角线地带，这个地带的三个小格是"小强""中中""大弱"；右下角地带，这个地带的三个小格是"小弱""小中""中弱"。

五、规划增长战略

企业的增长战略主要分为三类：密集化增长、一体化增长、多角化增长（又叫多元化增长）。

1. 密集化增长战略

密集化增长战略是指企业在现有的生产领域内集中力量改进现有产品以扩大市场范围的战略。这样，就形成了密集化发展战略的三种形式：市场渗透战略、市场开发战略和产品开发战略。

（1）市场渗透战略。市场渗透战略就是企业在原有产品和市场的基础上，通过改善产品、服务等营销手段方法，逐步扩大销售，以占领更大的市场的战略。市场渗透的基本方法有三种：通过增加产品新的用途、在某些地区增设商业网点，借助多渠道将同一产品送达同一市场等方式来增加顾客的购买量；通过创名牌、提高品牌知名度、树立良好企业形象的方法，吸引购买竞争者产品的顾客，转而购买本企业的产品；企业通过改进广告、宣传、展销、赠送样品、加强推销工作等方式来刺激潜在顾客购买。也可采取短期削价等措施，在现有市场上扩大现有产品的销售。

（2）市场开发战略。市场开发战略是指企业将现有产品投放到新的市场以扩大市场范围的战略。这是当老产品进入成熟期和衰退期后，已经无法在老市场上进一步渗透时所采取的战略。市场开发的方式主要有两种：一是市场面的开发，即开发新的细分市场；二是区域市场的开发，即努力使现有产品打入新地区市场。

（3）产品开发战略。产品开发战略就是通过改进老产品或开发新产品的办法来扩大市场范围的战略。其基本方法是增加产品的花色品种，增加产品的新功能或新用途，以满足不同消费者的需求。具体做法是企业可通过增加产品的花色品种、规格、型号等，向现有市场提供新产品或改进产品。

2. 一体化增长战略

一体化增长战略是指企业利用自己在产品、技术、市场上的优势，向企业外部扩展的战略。这是一种利用现有能力向生产的深度和广度扩展的战略。采用这一战略有利于稳定企业的产销，从而使企业在竞争中获胜；也有利于企业扩大生产规模，提高经济效益。因而，它是那些有广阔发展前途的企业，或者是拥有名牌产品的企业，发展自身以扩大其市场占有率的一种增长战略。

根据商品从生产到销售的物资流向，形成了一个从后向前的营销系统，据此，一体化增长战略可分为三种类型：增加与物流方向相反的产品生产经营方式叫后向一体化；增加与物流方向相同的产品生产经营方式叫前向一体化；增加处在同一阶段的产品生产经营方式为水平一体化。

（1）后向一体化。生产企业通过建立、购买、联合那些原材料或初级产品的供应企业，向后控制供应商，使供应和生产一体化，实现供产结合。

（2）前向一体化。指生产企业通过建立、购买、联合那些使用或销售本企业产品的企业，向前控制分销系统，实行产销结合。一般来说，这是生产原材料或初级产品的企业实行深加工时采用的战略。如汽车制造商自设分销系统，或制造商通过一定形式控制批发商、代理商或零售商；或自己经营加工业，如木材公司附设家具厂自己生产家具等。采用这一战略，有利于企业扩大生产，增加销售额。

（3）水平一体化。指生产企业通过建立、收买、合并或联合同行业的竞争者以扩大生产规模。

一体化增长战略在实际应用中有三条途径：第一条是企业利用自己的力量，在生产经营中把自己的产品扩大到前向或后向生产的产品中去。这条途径的优点是企业能够掌握扩大再生产的主动权，可以按本企业的要求发展新产品；第二条途径是兼并或购买其他企业，采用这种途径需要企业有畅销的产品和充足的资金；第三条途径是与其他相关的企业联合，共同开发新产品和扩大营销。这条途径的最大好处是可以冲破资金和技术的限制，不用增加投资，可以在较短的时间内形成更大的生产能力，或者生产出单个企业不能完成的产品项目。

在高度发达的市场经济的条件下，上述一体化战略都是在市场竞争中自然实现的。竞争具有一种择优机制，可实现资源的优化组合，达到产业结构的合理化，从而有利于整个社会经济效益的提高。因此，企业在运用一体化战略时，应注意以下几点：一要讲求经济效益。讲求经济效益是企业一切经济工作的核心，也是企业选择市场发展战略的核心问题。否则，再好的战略也是无用的；二要重视产品质量。在企业进行联合时，一定要注意保证产品质量。忽视产品质量，片面上追求规模，不仅不会使企业发展，反而有可能降低企业声誉，造成更大损失；三要避免造成垄断。在实行水平一体化的过程中，不要联合过多的企业，否则就会出现独家垄断的现象。

3. 多角化增长策略

多角化也称"多样化"或"多元化"。多角化增长就是企业通过增加产品的种类，跨行业生产经营多种产品和业务，扩大企业的生产范围和市场范围，使企业的特长充分发挥，使企业的人力、物力、财力等资源得到充分利用，从而扩大企业规模，提高经营效益。

（1）企业实现多角化增长的必要性：第一，原有产品或劳务需求规模与经营规模的有限性；第二，外界环境与市场需求的变化性；第三，单一经营的风险性与多种经营的安全性。

（2）多角化增长的主要方式：同心多角化，即企业利用原有的技术、特长、经验等发展新产品，增加产品种类，从同一圆心向外扩大业务经营范围；水平多角化，即企业利用原有市场，采用不同的技术来发展新产品，增加产品种类；集团多角化，即大企业收购、兼并其他行业的企业，或者在其他行业投资，把业务扩展到其他行业中去，新产品、新业务与企业的现有产品、技术、市场毫无关系。也就是说，企业既不以原有技术也不以原有市场为依托，向技术和市场完全不同的产品或劳务项目发展。它是实力雄厚的大企业集团采用的一种经营战略。

（3）企业实行多角化增长战略是以企业的技术、市场为基础条件的，因而实现多角化的途径主要有两条：一是通过企业内部扩展其技术基础来实现；二是通过企业外部合并或联合别的企业来实现。前者是企业在原有技术基础上不断扩展，增添新的设备和技术力量，以适应跨行业经营的需要；后者则是把不同行业的企业进行合并或联合，因而它特别适合于集团多角化增长。

（4）运用多角化增长战略的注意事项。

运用多角化增长战略，要求企业自身具有拓展经营项目的实力和管理更大规模企业的能力；具有足够的资金支持，具备相关专业人才作为技术保证，具备关系密切的分销渠道作为后盾或拥有迅速组建分销渠道的能力，企业的知名度高，企业综合管理能力强等。显然，并不是所有具备一定规模的企业都拥有上述优势。若企业运用多角化发展战略条件还不成熟，不如稳扎稳打。

具备足够实力和条件的企业在运用多角化增长战略时，也不可盲目追求经营范围的全面与经营规模的宏大。规模和收益的关系既对立又统一，没有规模固然没有好的收益，但也不是规模越大，收益就一定越大。随着规模的扩大，收益的变化一般有三个阶段：一是规模扩大，收益增加，收益增加的幅度大于规模扩大的幅度，这是规模收益递增的阶段；二是收益增加的幅度与规模扩大的幅度相等，这是一个短暂的过渡阶段；三是收益增加的幅度小于规模扩大的幅度，甚至收益绝对减少，这是规模收益递减阶段。因此盲目追求规模是不可取的。

六、形成营销计划

市场营销战略规定了企业营销的任务、目标、业务组合和增长战略后，还要对各业务单位的营销工作如产品、品牌、细分市场、区域市场等制订具体的计划方案，以便更好地指导营销工作的实践。

第七章　市场细分与目标市场

第一节　市场细分

一、市场细分战略的产生与发展

市场细分是美国营销学者温德尔·斯密 1956 年在《产品差异和市场细分——可供选择的两种市场营销战略》一文中提出的，它顺应了"二战"后美国市场营销环境的变化，即由卖方市场转变为买方市场，营销观念也由生产导向转向顾客导向。市场细分的概念一经提出，就受到学术界的广泛关注，在理论和实践中都产生了巨大的影响力，现在已是市场营销理论的重要组成部分。

不同的市场条件和市场环境，企业需要采取不同的营销战略。市场细分的产生和发展经历了一个漫长的过程，大致可以划分为以下三个阶段：

1.大量营销阶段

在 19 世纪末 20 世纪初，即资本主义工业革命阶段，整个社会经济发展的重心和特点是强调速度和规模，市场是以卖方为主导的。在卖方市场条件下，企业市场营销的基本方式是大量营销，即大批量生产品种规格单一的产品，并且通过广泛、普遍的分销渠道销售产品。在这样的市场环境下，大量营销的方式使企业降低了产品的成本和价格，获得了较丰厚的利润。因此，企业自然没有必要研究市场需求，市场细分战略也不可能产生。

2.产品差异化营销阶段

在 20 世纪 30 年代，发生了世界性的资本主义经济危机，西方企业面临产品严重过剩的情况，市场迫使企业转变经营观念，营销方式开始从大量营销向产品差异化营销转变，即向市场推出许多与竞争者产品不同的，具有不同质量、外观、性能的产品。产品差异化营销与大量营销相比是一种进步，但是，由于企业仅仅考虑自己现有的设计、技术能力，而忽视对顾客需求的研究，缺乏明确的目标市场，因此产品营销的成功率依然很低。由此可见，在产品差异化营销阶段，企业仍然没有重视研究市场需求，市场细分也就仍无产生的基础和条件。

3.目标营销阶段

20 世纪 50 年代以后，在科学技术革命的推动下，生产力水平大幅度提高，产品日新月异，生产与消费的矛盾日益尖锐，以产品差异化为中心的营销方式远远不能解决企业所面临的市场问题。于是，市场迫使企业再次转变经营观念和经营方式，由产品差异化营销转向以市场需求为导向的目标营销，即企业在研究市场和细分市场的基础上，结合自身的资源与优势，选择其中最有吸引力和最能有效地为之提供产品和服务的细分市场作为目标市场，设计与目标市场需求特点相互匹配的营销组合。于是，市场细分战略应运而生。市场细分理论的产生使传统营销观念发生了根本的变革，在理论和实践中都产生了极大影响，被西方理论家称为"市场营销革命"。

二、市场细分的内涵和作用

（一）市场细分的内涵

所谓市场细分，是指企业按照消费者的一定特性，把原有市场分割为两个或两个以上的子市场，以用来确定目标市场的过程。细分市场，就是调查分析不同的消费者在需求、资源、地理位置、购买习惯和行为等方面的差别，然后将上述要求基本相同的消费者群分别合并为一类，形成整体市场中的若干"子市场"或"分市场"。不同的细分市场之间，需求差别比较明显；而在每一个细分市场内部，需求差别则比较细微。市场细分的理论基础是市场"多元异质性"理论。这一理论认为，消费者对大部分产品的需求是多元化的，是具有不同的质的要求的。需求本身的"异质性"是市场可能细分的客观基础。实践证明，只有少数商品的市场，消费者对产品的需求大致相同，如消费者对食盐、大米、火柴等的需求差异极小，这类市场，称为同质市场。在同质市场上，企业的营销策略比较相似，竞争焦点集中在价格上。大多数商品的市场属于异质市场，这是由消费者对商品的需求千差万别所决定的。企业营销活动应更重视异质市场。

市场细分是现代市场学的一个新概念。它是美国著名市场学家温德尔·斯密在总结一些企业市场营销实践经验的基础上，于 20 世纪 50 年代中期提出来的。在此之前，企业囿于旧的市场观念，把消费者看作具有同样需求的集体，因而大量生产单一品种的产品，采用广泛分销的形式销售。尽管曾取得降低成本、简化交易过程、获取较多盈利的效果，但随着科学技术的进步、管理水平的提高和生产规模的扩大，上述"卖方市场"逐渐转变成"买方市场"，那种只靠广泛推销单一产品的策略已很难奏效。因而许多企业开始注意适应消费者的需求差异，有针对性地提供不同的产品，并运用不同的分销渠道和广告宣传形式，开展市场营销活动。如美国宝洁公司发现它的顾客由于需要洗涤不同性质的纺织物，要求有性能不同的肥皂，于是改变了原来经营单一肥皂的做法，推出三种不同性能、不同品牌的洗衣皂，从而满足了不同消费者的需要，提高了竞争能力，取得了很高的市场占有率。温德尔·斯密就是总结了这些经验，提出了市场细分的新概念。市场细分为企业选择目标市场提供了基础，是第二次世界大战后西方市场营销思想和战略的新发展。

（二）市场细分的作用

细分市场不是根据产品品种、产品系列来进行的，而是从消费者（指最终消费者和工业生产者）的角度进行划分的，是根据市场细分的理论基础，即消费者的需求、动机、购买行为的多元性和差异性来划分的。

1.有利于选择目标市场和制订市场营销策略

市场细分后的子市场比较具体，比较容易了解消费者的需求，企业可以根据自己的经营思想、方针及生产技术和营销力量，确定自己的服务对象，即目标市场。针对公司较小的目标市场，便于制订特殊的营销策略。同时，在细分的市场上，信息容易了解和反馈，一旦消费者的需求发生变化，企业可迅速改变营销策略，制订相应的对策，以适应市场需求的变化，提高企业的应变能力和竞争力。

2.有利于发掘市场机会，开拓新市场

通过市场细分，企业可以对每一个细分市场的购买潜力、满足程度、竞争情况等进行分析对比，探索出有利于本企业的市场机会，使企业及时做出投产、异地销售决策或根据本企业的生产技术条件编制新产品开拓计划，进行必要的产品技术储备，掌握产品更新换代的主动权，开拓新市场，以便更好适应市场的需要。

3.有利于集中人力、物力投入目标市场

任何一个企业的人力、物力、资金都是有限的。通过细分市场，选择了适合自己的目标市场，企业可以集中人、财、物等资源，去争取局部市场上的优势，然后再占领自己的目标市场。

4.有利于企业提高经济效益

前面三个方面的作用都能使企业提高经济效益。除此之外，通过市场细分后，企业可以面对自己的目标市场，生产出适销对路的产品，既能满足市场需要，又可增加企业的收入；产品适销对路可以加速商品流转，加大生产批量，降低企业的生产销售成本，提高生产工人的劳动熟练程度，提高产品质量，全面提高企业的经济效益。

三、市场细分的要求

企业在进行市场细分时，应遵循以下基本要求：

（1）要有明显特征。用以细分市场的特征必须是可以衡量的，细分出的市场应有明显的特征，各子市场之间有明显的区别，各子市场内都有明确的组成成员，这些人应具备共同的需求特征，表现出类似的购买行为。

（2）要根据企业的实力，量力而行。在市场细分中，企业所选择的目标市场，必须是自己有足够的能力去占领的子市场，在这个子市场上，能充分发挥企业的人力、物力、财力和生产、技术、营销能力的作用。反之，那些不能充分发挥企业资源作用、难以为企业所占领的子市场，则不能作为目标市场。否则，只会白白浪费企业资源。

（3）要适当盈利。在市场细分中，被企业选中的子市场还必须具有一定的规模，即有充足的需求量，能足以使企业有利可图，并实现预期利润目标。为此，细分市场的规模既不宜过大，也不宜过小。如果规模过大，企业无法"消化"，结果也是白费工夫，如果规模过小，企业又"吃不饱"，现有资源得不到最佳利用，利润则难以确保。因此，细分出的市场规模必须恰当，使企业能得到合理盈利。

（4）有发展潜力。市场细分应具有相对的稳定性，因而企业所选中的目标市场，不仅要能为企业带来利益，还必须有相当的发展潜力，能够给企业带来较长远的利益。因此，企业在市场细分时必须考虑选择的目标市场不能是正处于饱和或即将饱和的市场，否则，就没有多少潜力可挖。

四、市场细分的方法

市场细分的方法主要有单一变量法、主导因素排列法、综合因素细分法、系列因素细分法等。市场细分作为一个比较、分类、选择的过程，应该按照市场细分的程序来进行，通常有识别细分市场、收集研究信息等七步。

1. 单一变量法

所谓单一变量法，是指根据市场营销调研结果，把选择影响消费者或用户需求最主要的因素作为细分变量，从而达到市场细分的目的。这种细分法以公司的经营实践、行业经验和对组织客户的了解为基础，在宏观变量或微观变量间，找到一种能有效区分客户并使公司的营销组合产生有效对应的变量而进行的细分。例如：玩具市场需求量的主要影响因素是年龄，可以针对不同年龄段的儿童设计不同的玩具，这早就为玩具商所重视。除此之外，性别也常作为市场细分变量而被企业所使用，妇女用品商店、女人街等的出现正反映出性别标准为大家所重视。

2. 主导因素排列法

主导因素排列法即用一个因素对市场进行细分，如按性别细分化妆品市场，按年龄细分服装市场等。这种方法简便易行，但难以反映复杂多变的顾客需求。

3. 综合因素细分法

综合因素细分法即用影响消费需求的两种或两种以上的因素进行综合细分，例如用生活方式、收入水平、年龄三个因素可将妇女服装市场划分为不同的细分市场。

4. 系列因素细分法

当细分市场所涉及的因素是多项的，并且各因素是按一定的顺序逐步进行时，可由粗到细、由浅入深，逐步进行细分，这种方法被称为系列因素细分法。

五、市场细分的程序

市场细分的程序如图 7-1 所示。无论是细分生活消费品市场还是生产资料市场，若按一定程序进行，则容易实现细分市场的基本要求。

（1）识别细分市场。识别细分市场是指首先确定细分市场的基本性质，然后定出市场细分的重要因素，并尽可能对这些因素做定量分析。如确定服装市场可以按年龄、收入来划分，并进一步确定年龄可分为 16 岁以下、16~24 岁、25~44 岁、45~59 岁、60 岁以上的定量分组值。

（2）收集研究信息。指收集、整理细分市场时需考察分析的市场情报和资料，如通过收集类似产品已有的市场情况，可以参照对新产品市场的细分，或者通过对消费者的调查，来检验欲采用的细分因素是否合适。收集研究信息还包括最终能确定市场细分后的情况，如各年龄组究竟包括多少人。

（3）拟定综合评价标准。一般说来，细分市场后，应能使企业对谁是购买者、购买什么、在哪里购买、为什么购买、怎样购买等问题做出回答。因此，应对细分市场拟定综合评价标准，以回答上面的问题。

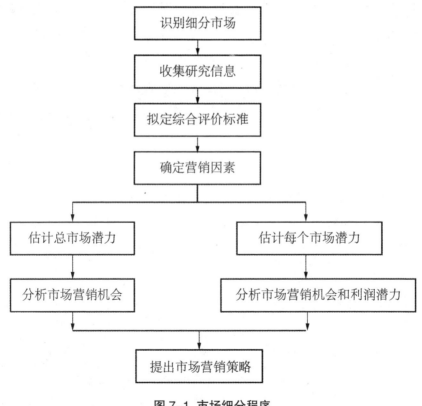

图 7-1 市场细分程序

（4）确定营销因素。对细分后的每一个子市场做出评价后，如果各个子市场之间存在较大差别，则企业就应考虑不同市场的特点，确定本企业的市场活动范围以及适应新选定的市场范围特点的营销活动要点。

（5）估计市场潜力。根据市场研究结果和选定的细分因素，估计出总市场和每个子市场的预期需求水平，这对选取目标市场和确定目标市场营销战略很重要。

（6）分析市场营销机会。在细分市场过程中，分析市场营销机会，主要是分析总的市场和每个子市场的竞争情况，以及确定对总的市场或每一个子市场的营销组合方案，并根据市场研究和需求潜力的估计，确定总的或每一子市场的营销收入和费用情况，以估计潜在利润量，作为最后选定目标市场和制订营销策略的经济分析依据。

（7）提出市场营销策略。一个企业要根据市场细分结果来决定市场营销策略。这要区分为两种情况：

①如果分析市场细分后，发现市场情况不理想，企业可能放弃这一市场；

②如果市场营销机会多，需求和潜在利润量令人满意，企业可根据细分结果提出不同的目标市场营销战略。

第二节 目标市场选择

一、目标市场的定义

著名的市场营销学者麦卡锡提出了应当把消费者看作一个特定的群体，称为目标市场。通过市场细分，有利于明确目标市场，通过市场营销策略的应用，有利于满足目标市场的需要。即目标市场就是通过市场细分后，企业准备以相应的产品和服务满足其需要的一个或几个子市场。

所谓目标市场，就是指企业在市场细分之后的若干"子市场"中，所运用的企业营销活动之"矢"而瞄准的市场方向之"的"的优选过程。

二、目标市场的营销策略

企业在市场细分化的基础上，根据主客观条件选择好目标市场，目的在于不断拓展市场。要想顺利实现这一目的，一般采用三种不同的目标市场策略。

（一）无差异性目标市场策略

无差异性目标市场营销策略是指企业将整个市场作为企业的目标市场，推出一种产品，实施一种营销组合策略，以满足消费者的某种共同需求。

采用该策略的企业，主要是着眼于顾客需求的共性或同质性，忽略顾客需求的差异性，对市场不进行细分，只求满足大多数顾客的共性需求。无差异性目标市场营销策略的最大优点在于成本低、经济性好。缺点有两点，首先，忽视了市场要求的差异性，难以满足顾客的个性化需求；其次，容易导致竞争激烈和市场饱和，企业难以保持持久的规模经济效益。

（二）差异性目标市场策略

1. 差异性目标市场策略的定义

差异性目标市场策略，又叫差异性市场营销，是指面对已经细分的市场，企业选择两个或者两个以上的子市场作为市场目标，分别对每个子市场提供针对性的产品和服务以及相应的销售措施。企业根据子市场的特点，分别制订产品策略、价格策略、渠道策略以及促销策略并予以实施。差异化并不是目的，而是手段，其最终目的，是为了在客户心中形成差异。占领了客户的心智，也就占领了市场。

2. 差异性营销策略的分类

当技术的发展、行业的垂直分工以及信息的公开性、及时性，使越来越多的产品出现同质化时，寻求差异化营销已成为企业生存与发展的一件必备武器。著名战略管理专家迈克尔·波特是这样描述差异化战略的：当一个公司能够向客户提供一些独特的，其他竞争对手无法生产的商品、对客户来说其价值不仅仅是一种廉价商品时，这个公司就把自己与竞争厂商区别开来了。

对于一般商品来讲，差异总是存在的，只是大小强弱不同而已。而差异化营销所追求的"差异"是产品的"不完全替代性"，即企业凭借自身的技术优势和管理优势，生产出在性能上、质量上优于市场上现有水平的产品；或是在销售方面，通过有特色的宣传活动、灵活的推销手段、周到的售后服务，在消费者心目中树立起不同一般的形象。

①产品差异化策略。产品差异化是指产品的特征、工作性能、一致性、耐用性、可靠性、易修理性、式样和设计等方面的差异。也就是说某企业生产的产品，在质量、性能上明显优于同类产品的生产厂家，从而形成独立的市场。对于同一行业的竞争对手来说，产品的核心价值是基本相同的，所不同的是在性能和质量上，在满足顾客基本需要的情况下，为顾客提供独特的产品是差异化战略追求的目标。中国在 20 世纪 80 年代是 10 人用 1 种产品，90 年代是 10 人用 10 种产品，而今天是 1 人用 10 种产品。因此，任何企业都不能用 1 种产品满足 10 种需要，最好推出 10 种产品满足 10 种需要，甚至只满足 1 种需要。

企业实施差异化营销可以从两方面着手：

A. 特征。产品特征是指对产品基本功能给予补充的特点。大多数产品都具有不同的特征。其出发点是产品的基本功能，然后企业通过增加新的特征来推出新产品。在此方面实施最为成功的当数宝洁公司，以其洗发水产品来讲，消费者的目的无非是去头屑、柔顺、营养、护发、黑发，与其相适应，宝洁就推出相应的品牌海飞丝、飘柔、潘婷、沙宣、润妍。在开发其他品牌的产品时，宝洁公司也多采用此种策略。我国的饮料企业在推出新产品时也采用了此种策略，在消费者心目中都留下了很深的印象。可见，产品特征是企业实现产品差异化极具竞争力的工具之一。

B. 式样。式样是指产品给予购买者的视觉效果和感受。以海尔集团的

143

冰箱产品为例，海尔冰箱的款式就有欧洲、亚洲和美洲三种不同风格。欧洲风格用严谨、方门、白色来表现；亚洲风格以淡雅为主，用圆弧门、圆角门、彩色花纹、钢板来体现；美洲风格则突出华贵，以宽体流线造型出现。再如我国的一些饮料生产厂家摆脱了以往的旋转开启方式，改用所谓的"运动盖"直接拉起的开瓶法也获得了巨大的成功。此外，对于一般的消费者而言，质量、耐用性、可靠性、易修理性也是寻求差异的焦点。如汽车由标准件组成，且易于更换部件，则该汽车易修理性就高，在顾客心中就具有一定的竞争优势。

②服务差异化策略。服务差异化是指企业向目标市场提供与竞争者不同的优质的服务。尤其是在难以突出有形产品的差别时，竞争成功的关键常常取决于服务的数量与质量。区别服务水平的主要因素有送货、安装、用户培训、咨询、维修等。售前售后服务差异成了对手之间的竞争利器。

在日益激烈的市场竞争中，服务已成为全部经营活动的出发点和归宿。如今，产品的价格和技术差别正在逐步缩小，影响消费者购买的因素除产品的质量和公司的形象外，最关键的还是服务的品质。服务能够主导产品的销售趋势，服务的最终目的是提高顾客的回头率，扩大市场占有率。而只有差异化的服务才能使企业和产品在消费者心中永远占有"一席之地"。

③形象差异化策略。形象差异化是指通过塑造与竞争对手不同的产品、企业和品牌形象来取得竞争优势。形象就是公众对产品和企业的看法和感受。塑造形象的工具有名称、颜色、标志、标语、环境、活动等。以色彩来说，百事可乐的蓝色、可口可乐的红色能够让消费者在众多的同类产品中很轻易地识别开来。再以我国的酒类产品的形象差别来讲：茅台的国宴美酒形象、剑南春的大唐盛世酒形象、泸州老窖的历史沧桑形象、金六福的福酒形象以及劲酒的保健酒形象等都各具特色。消费者在买某种酒的时候，首先想到的就是该酒的形象；在品酒的时候，品的是酒，但品出来的却是由酒的形象差异带来的不同的心灵愉悦。

在实施形象差异化时，企业一定要针对竞争对手的形象策略以及消费者的心智而采取不同的策略。企业巧妙地实施形象差异化策略就会收到意想不到的效果。例如，为了突出自己纯天然的形象，农夫山泉在红色的瓶标上除了商品名之外，又印了一张千岛湖风景照片，无形中彰显了其来自千岛湖的纯净特色。再以美的集团突破格兰仕的价格封锁而成功打入微波炉市场来讲，也是采用形象差异化策略。美的充分利用自己在公众心目中已存在的良好形象，采用副品牌及动物代言人等策略，成功地将"美的"品牌延伸到微波炉产品上。由此可见，实施差异化策略无疑是企业区别竞争对手，占据消费者心智，从而获取竞争优势的一件利器。

（三）集中性市场策略

集中性市场策略亦称聚焦营销，是指企业不是面向整体市场，也不是把力量分散使用于若干个细分市场，而只选择一个或少数几个细分市场作为目标市场。

资源有限的中小企业多采用这一策略。这种策略的优点是适应了本企业资源有限这一特点，可以集中力量迅速进入和占领某一特定细分市场。生产和营销的集中性，使企业经营成本降低，但该策略风险较大。如果目标市场突然变化，如价格猛跌或突然出现强有力的竞争者，企业就可能陷入困境。

欲进入和占领某一特定细分市场应具备如下特点：

（1）该市场的需求与企业的特长及目标相吻合，以便企业在未来的竞争角逐中能处于有利地位；

（2）该市场应该具有一定的规模和发展潜力，给企业的入驻留有一定的上升空间；

（3）该市场的现有市场结构具备长期的内在吸引力，为企业的盈利提供充分的前提条件；

（4）目标市场能进一步促进企业新老产品的更替，实现企业扩大销售量和提高市场占有率的目的。

三、目标市场的选择模式

目标市场的选择模式，即关于企业为哪个或哪几个细分市场服务的决定。通常有五种模式供参考：

（1）市场集中化。企业选择一个细分市场，集中力量为之服务。较小的企业一般专门填补市场的这一部分。集中营销使企业深刻了解该细分市场的需求特点，采用针对的产品、价格、渠道和促销策略，从而获得强有力的市场地位和良好的声誉，但同时隐含较大的经营风险。

（2）产品专门化。企业集中生产一种产品，并向所有顾客销售这种产品。例如服装厂商向青年、中年和老年消费者销售高档服装，企业为不同的顾客提供不同种类的高档服装产品和服务，而不生产消费者需要的其他档次的服装。这样，企业在高档服装产品方面便能树立很高的声誉，但一旦出现其他品牌的替代品或消费者流行的偏好转移，企业将面临巨大的威胁。

（3）市场专门化。企业专门服务于某一特定顾客群，尽力满足他们的各种需求。例如企业专门为老年消费者提供各种档次的服装。企业专门为这个顾客群服务，能建立良好的声誉。但一旦这个顾客群的需求达到市场潜量或特点发生突然变化，企业要承担较大风险。

（4）市场分散化。企业选择几个细分市场，每一个对企业的目标和资源利用都有一定的吸引力。但各细分市场彼此之间很少或根本没有任何联系。这种策略能分散企业经营风险，即使其中某个细分市场失去了吸引力，企业还能在其他细分市场中盈利。

（5）完全市场覆盖。企业力图用各种产品满足各种顾客群体的各种需求，即以所有的细分市场作为目标市场，例如上例中的服装厂商为不同年龄层次的顾客提供各种档次的服装。一般只有实力强大的大企业才能采用这种策略。例如 IBM 公司在计算机市场、可口可乐公司在饮料市场开发众多的产品，满足消费者各种消费需求。

四、影响目标市场策略的因素

无差异性目标市场策略、差异性目标市场策略和集中性市场策略各有利弊，企业在进行决策时要具体分析产品和市场状况与企业本身的特点。影响企业目标市场策略的因素主要有企业资源、产品特点、市场特点和竞争对手的策略四类。

（一）企业资源的特点

资源雄厚的企业，如拥有大规模的生产能力、广泛的分销渠道、产品标准化程度很高、好的内在质量和品牌信誉等，可以考虑实行无差异市场营销策略；如果企业拥有雄厚的设计能力和优秀的管理素质，则可以考虑实行差异市场营销策略；而对实力较弱的中小企业来说，适于集中力量进行集中营销策略。企业初次进入市场时，往往采用集中市场营销策略，在积累了一定的成功经验后再采用差异市场营销策略或无差异市场营销策略，扩大市场份额。

（二）产品特点

产品的同质性表明了产品在性能、特点等方面差异性的大小，是企业选择目标市场时不可不考虑的因素之一。一般对于同质性高的产品如食盐等，宜实行无差异市场营销；对于同质性低或异质性产品，差异市场营销或集中市场营销是恰当的选择。

此外，产品因所处的生命周期的阶段不同，而表现出的不同特点亦不容忽视。产品处于导入期和成长初期，消费者刚刚接触新产品，对它的了解还停留在比较粗浅的层次，竞争尚不激烈，企业这时的营销重点是挖掘市场对产品的基本需求，往往采用无差异市场营销策略。等产品进入成长后期和成熟期时，消费者已经熟悉产品的特性，需求向深层次发展，表现出多样性和不同的个性来，竞争空前激烈，企业应适时地转变策略为差异市场营销或集中市场营销。

（三）市场特点

供与求是市场中两大基本力量，它们的变化趋势往往是决定市场发展方向的根本原因。供不应求时，企业重在扩大供给，无暇考虑需求差异，所以采用无差异市场营销策略；供过于求时，企业为刺激需求、扩大市场份额而殚精竭虑，多采用差异市场营销或集中市场营销策略。

从市场需求的角度来看，如果消费者对某产品的需求偏好、购买行为相似，则称之为同质市场，可采用无差异市场营销策略；反之，为异质市场，差异市场营销和集中市场营销策略更合适。

（四）竞争者的策略

企业与竞争对手选择不同的目标市场覆盖策略。例如，竞争者采用无差异市场营销策略时，企业选用差异市场营销策略或集中市场营销策略更容易发挥优势。

企业的目标市场策略应慎重选择，一旦确定，应该相对稳定，不能朝令夕改。但灵活性也不容忽视，没有永恒正确的策略，一定要密切注意市场需求的变化和竞争动态。

第三节　市场定位

市场定位是企业及产品确定在目标市场上所处的位置。市场定位是由美国营销学家艾·里斯和杰克特劳特在 1972 年提出的，其含义是指企业根据竞争者现有产品在市场上所处的位置，针对顾客对该类产品某些特征或属性的重视程度，为本企业产品塑造与众不同的，给人印象鲜明的形象，并将这种形象生动地传递给顾客，从而使该产品在市场上确定适当的位置。市场定位是市场营销学中一个非常重要的概念，市场上常见主流商业管理课程如 MBA、EMBA 等均对"市场定位"有详细介绍。

一、市场定位目标

市场定位并不是你对一件产品本身做些什么，而是你在潜在消费者的心目中做些什么。市场定位的实质是使本企业与其他企业严格区分开来，使顾客明显感觉和认识到这种差别，从而在顾客心目中占有特殊的位置。

市场定位的目的是使企业的产品和形象在目标顾客的心理上占据一个独特、有价值的位置。

二、市场定位原则

各个企业经营的产品不同，面对的顾客也不同，所处的竞争环境也不同，因而市场定位所依据的原则也不同。总的来讲，市场定位所依据的原则有以下四点：

1. 根据具体的产品特点定位

构成产品内在特色的许多因素都可以作为市场定位所依据的原则。比如所含成分、材料、质量、价格等。"七喜"汽水的定位是"非可乐"，强调它是不含咖啡因的饮料，与可乐类饮料不同。一件仿皮皮衣与一件真正的水貂皮衣的市场定位自然不会一样，同样，不锈钢餐具若与纯银餐具定位相同，也是难以令人置信。

2. 根据特定的使用场合及用途定位

为老产品找到一种新用途，是为该产品创造新的市场定位的好方法。小苏打曾一度被广泛地用作家庭的刷牙剂、除臭剂和烘焙配料，现已有不少的新产品代替了小苏打的上述一些功能。另外还有公司把它当作了调味汁和卤肉的配料。我国曾有一家生产"曲奇饼干"的厂家最初将其产品定位为家庭休闲食品，后来又发现不少顾客购买是为了馈赠，又将之定位为礼品。

3. 根据顾客得到的利益定位

产品提供给顾客的利益是顾客最能切实体验到的，也可以用作定位的依据。

1975 年，美国米勒推出了一种低热量的"Lite"牌啤酒，将其定位为喝了不会发胖的啤酒，迎合了那些经常饮用啤酒而又担心发胖的人的需要。

4. 根据使用者类型定位

企业常常试图将其产品指向某一类特定的使用者，以便根据这些顾客的看法塑造恰当的形象。

美国米勒啤酒公司曾将其原来唯一的品牌"高生"啤酒定位于"啤酒中的香槟"，吸引了许多不常饮用啤酒的高收入妇女。后来发现，狂欢者大约消费了啤酒销量的 80%，于是，该公司在广告中展示石油工人钻井成功后狂欢的镜头，还有年轻人在沙滩上冲刺后开怀畅饮的镜头，塑造了一个"精力充沛的形象"。在广告中提出"有空就喝米勒"，从而成功占领狂饮者市场达 10 年之久。

事实上，许多企业进行市场定位依据的原则往往不止一个，而是多个原则同时使用。因为要体现企业及其产品的形象，市场定位必须是多维度的、多侧面的。

三、市场定位步骤

市场定位的关键是企业要设法在自己的产品上找出比竞争者更具有竞争优势的特性。竞争优势一般有两种基本类型：一是价格竞争优势，就是在同样的条件下比竞争者定出更低的价格，这就要求企业采取一切努力来降低单位成本；二是偏好竞争优势，即能提供确定的特色来满足顾客的特定偏好，这就要求企业采取一切努力在产品特色上下功夫。因此，企业市场定位的全过程可以通过以下三大步骤来完成：

1. 识别潜在竞争优势

这一步骤的中心任务是要回答以下三个问题：

（1）竞争对手产品定位如何？

（2）目标市场上顾客欲望满足程度如何以及还需要什么？

（3）针对竞争者的市场定位和潜在顾客的真正需求，企业应该能够做什么？

要回答这三个问题，企业市场营销人员必须通过一切调研手段，系统地设计、搜索、分析并报告有关上述问题的资料和研究结果。通过回答上述三个问题，企业就可以从中把握和确定自己的潜在竞争优势在哪里。

2. 准确选择竞争优势，对目标市场初步定位

竞争优势表明企业能够胜过竞争对手的能力。这种能力既可以是现有的，也可以是潜在的。选择竞争优势实际上就是一个企业与竞争者各方面实力相比较的过程。比较的指标应是一个完整的体系，只有这样，才能准确地选择相对竞争优势。通常的方法是分析、比较企业与竞争者在经营管理、技术开发、采购、生产、市场营销、财务和产品等七个方面究竟哪些是强项，哪些是弱项。借此选出最适合本企业的优势项目，以初步确定企业在目标市场上所处的位置。

3. 显示独特的竞争优势和重新定位

这一步骤的主要任务是企业要通过一系列的宣传促销活动，将其独特的竞争优势准确传播给潜在顾客，并在顾客心目中留下深刻印象。

首先，应使目标顾客了解、知道、熟悉、认同、喜欢和偏爱本企业的市场定位，在顾客心目中建立与该定位相一致的形象。

其次，企业通过各种努力强化目标顾客形象，保持对目标顾客的了解，稳定目标顾客的态度和加深目标顾客的感情来巩固与市场相一致的形象。

最后，企业应注意目标顾客对其市场定位理解出现的偏差或由于企业市场定位宣传上的失误而造成的目标顾客模糊、混乱和误会，及时纠正与市场定位不一致的形象。企业的产品在市场上定位即使很恰当，但在下列情况下，还应考虑重新定位：

（1）竞争者推出的新产品定位于本企业产品附近，侵占了本企业产品的部分市场，使本企业产品的市场占有率下降。

（2）消费者的需求或偏好发生了变化，使本企业产品销售量骤减。

重新定位是指企业为已在某市场销售的产品重新确定某种形象，以改变消费者原有的认识，争取有利的市场地位的活动。如某日化厂生产婴儿洗发剂，以强调该洗发剂不刺激眼睛来吸引有婴儿的家庭。但随着出生率的下降，销售量减少。为了增加销售，该企业将产品重新定位，强调使用该洗发剂能使头发蓬松有光泽，以吸引更多、更广泛的购买者。重新定位对于企业适应市场环境、调整市场营销战略是必不可少的，可以视为企业的战略转移。重新定位可能导致产品的名称、价格、包装和品牌的更改，也可能导致产品用途和功能上的变动，企业必须考虑定位转移的成本和新定位的收益问题。

四、市场定位策略

企业进行市场定位，就是着力宣传那些会对其目标市场产生重大震动的差异，以确定企业在目标顾客心目中的独特位置。换言之，企业应制订重点定位策略。为了突出定位重点，企业先要决定向顾客推出多少差异以及推出哪些差异。

1.确定产品差异的数量

企业可以只推出一种产品差异，即单一差异定位。许多营销人员倡导这种做法，例如宝洁公司的"舒肤佳"香皂始终宣传其杀菌功能——促进全家健康。这种做法的关键是要保持连贯一致的定位，并且应选择自己能成为"第一名"的差异属性。这是因为，在人们头脑中首次接收到的信息，有稳如磐石、不易受排挤的稳固位置，这与人脑定位记忆机能是密切相关的。如果一个企业能在某一属性上获胜，并令人信服地加以宣传，那么它就会非常出名。

有的企业相信双重差异的定位策略，尤其是当两家或更多的企业都宣传自己的某一属性最好时，这样做就显得很有必要了。这样做可以在目标细分市场内找到一个特定的空缺。沃尔沃汽车曾定位为"最安全"和"最耐用"，这两种利益是可以相容并存的，一般来说，人们都认为安全性能很好的汽车也会很耐用。高露洁牙膏加氟加钙，强调使牙齿"更坚固，更洁白"。比切姆公司在促销其 Aquehesh 牙膏时，强调其"防止蛀牙，口味清新，洁白牙齿"的三重功效。由于大多数人都认为这三种功能很重要，公司所需要做的，就是设计出三色牙膏，以便人们相信它确实可提供三种功效。值得引起重视的是，企业推出的差异不宜过多，否则会降低可信度，也影响了产品定位的明确性。

2. 确定具体的产品差异

为了确定具体的产品差异，企业要对目标市场竞争者和企业自身情况进行竞争优势分析。对于所设计的产品，要考虑产品差异对目标顾客的重要性、企业实施产品差异的能力（人力、物力、财力等）、所需时间、竞争者的模仿能力等。进行了这些分析以后，企业就能做出对所设计的差异应采取的决策，选择那些真正能够增加企业竞争优势的产品差异。

企业应当如何选择定位呢？一般的定位策略有以下八种：

（1）根据竞争定位。这是根据市场竞争状况，根据与竞争有关的属性或利益进行定位。主要是突出企业的优势，如技术可靠性程度高，售后服务方便快捷以及其他顾客欢迎的因素等，从而在竞争者中突出自己的形象。比如百事可乐强调"新一代的选择"，而可口可乐则推崇"齐欢乐"。

（2）根据属性定位。产品本身的属性能使消费者体会到它的定位。产品属性既包括制造技术、设备、生产流程、产品功能，也包括产品的原料、产地、历史等因素。湖南养生堂的定位体现了其使用的原料和悠久的历史，王守义十三香强调其专门的调制配方，宜宾五粮液、北京烤鸭等产品则强调其产地定位。如果企业的一种或几种属性是竞争者所没有或有所欠缺的，同时又是顾客认可和接受的，这时采用按产品属性定位的策略，往往容易收到良好效果。

（3）根据利益定位。即把产品定位在某一特定利益上。这里的"利益"

既包括顾客购买企业产品时追求的利益，也包括购买企业产品所能获得的附加利益。例如诗丽雅化妆品公司推出的一种去死皮素的产品，使用后去除皮肤表面坏死的表皮，增进皮肤对任意品牌护肤品的吸收。该产品依靠为消费者提供这一利益获得了巨大成功。

（4）根据产品的用途定位。这是工业产品最常用的市场定位方法。此外，为老产品找到一种新用途，是为该产品创造新的市场定位的好方法。例如杜邦的尼龙最初在军事上用于制作降落伞，后来衍生出许多新的用途：作为袜子、衬衫、地毯、汽车轮胎、椅套的原料等，一个接一个地被发现。又如网络的研究也开始于军事领域，随后广泛应用于通信、日常生活、汽车工业等。

（5）根据价格、质量定位。一件仿制的装饰性项链，无论其做工多么精美，都是不可能与真正的钻石项链定位相同的。所以对于那些消费者对价格和质量都很关心的产品，选择两者作为市场定位的因素是突出企业的好方法。

据此定位有几种情况：①质价相符的情况，通俗地说就是"一分钱一分货"。当企业产品价格高于同类产品时，企业总是强调其产品的高质量和物有所值，说服顾客支付溢价来购买其产品。海尔集团的家电产品很少卷入价格战，一直维持其在同类产品中的较高价格，但其销售量却一直稳定增长，就体现了其产品"优质高价"的定位；②质高价低的情况。一些企业将质高价低作为一种竞争手段，用以加深市场渗透，提高市场占有率。格兰仕集团就是采用这种定位方式，快速地占领了我国的微波炉市场并一直保持着50%以上的极高的市场占有率。这时，企业向顾客传递的信息是顾客所花的每分钱都能获取更大的价值，即"物超所值"。采用这种定位方式，企业要重视优于价格水平的产品质量的宣传，而不能只宣传产品的低价，否则就会造成产品在顾客心目中定位降低，从而造成定位失败。

（6）根据产品的档次定位。企业在选择目标市场时常根据本企业的产品档次来选择。如家具市场可划分为高、中、低档。产品也可通过强调与同档次的产品的不同特点来进行定位。

（7）根据使用者类型定位。企业以市场细分为前提针对某个子市场、某些特定消费者进行促销，使这些消费者认为企业的产品是特地为他们生产而且适合他们使用，从而满足他们的心理需要，促使他们对企业产生信任感。

（8）多重定位方式。这是将市场定位在几个层次上或者依据多重因素对产品进行定位，使产品给消费者的感觉是产品有很多特征，多重效能。作为市场定位体现的企业和其产品形象，都必须是多维度、多侧面的立体表现。这种方式应该避免因描述的特征过多而冲淡企业及产品的形象。

3. 产品定位

企业可以根据主客观条件，对上述八种市场定位方法进行选择。现以下例具体说明企业如何进行定位。

某企业开发出一种新产品后：

（1）应研究同一目标市场里竞争者所处的位置；

（2）选择市场定位的变量，如产品质量与价格。

据此可做出市场定位图（见图 7-2）来说明目前向该目标市场销售产品的四个竞争者位置，分别为 A（高质高价）、B（中质中价）、C（低质低价）、D（低质高价）。该企业应定位于何处呢？有两种基本策略，如图 7-3 所示。

①避强定位策略。该企业力图避免与实力最强或较强的其他企业直接发生竞争，将自己的产品定位于另一市场区域内，使自己的产品在某些特征或属性方面与最强或较强的对手有显著的差别，极端的形式是定位于E（高质低价）处，与所有其他企业均有一定距离。也可以采用另一种形式——定位于 F，即只避开最强大的竞争对手企业，与部分企业大致处于相同的市场位置。避强定位可以使企业迅速在市场上立住脚，并能在消费者心中树立一定形象，市场风险较小，成功率较高。但是避强往往意味着企业放弃了最佳的市场位置，尤其如 E 所使用的方式，很可能占据的是最差的位置。

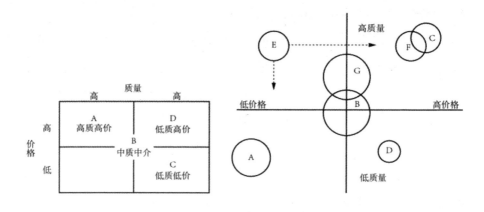

图 7-2 竞争者位势图　　　图 7-3 市场定位示意图

②迎头定位策略。该企业根据自身的实力，为占据较佳的市场位置，不惜与市场上占支配地位的、实力最强或较强的竞争者发生正面竞争，从而使自己的产品进入与对手相同的市场位置。比如定位于 G 处，与最强的竞争对手企业 B 较量，选择产品的特征是与企业 B 同样的价格，却有更高的质量。当然，该企业也可以采用完全相同的质量与价格、同等质量更低价格等不同的具体方案。迎头定位可能引发激烈的市场竞争，因此有较大的风险。但另一方面，由于竞争者是最强大的，因此竞争过程往往产生所谓轰动效应，消费者可以很快了解企业及其产品，企业易于树立市场形象。

企业实施某种定位方案一段时间之后，有可能会发现效果并不理想或者没有足够的资源实施这一方案。此时，应对该产品重新进行定位。例如图 7-3 中企业定位于 E 时：产品具有极高的质量和偏低的价格。也许不久企业发现技术力量和财务能力不能保证生产的产品具有极高的质量，或者成本太高、盈利太少，因而需要重新定位。按箭头 1 所示方向重新定位，意味着保持原有定价不变，但适当降低产品质量；按箭头 2 所示方向重新定位，则意味着原有质量不变，销售价格提高。重新定位一般由于初次定位不当引起，也可能由初次定位导致竞争者的有力反击或者需求态势因某种原因发生了变化而引起。

　　企业在产品定位过程中应避免犯以下错误，否则都会影响企业在顾客心目中的形象。

　　①定位过低；

　　②定位过高；

　　③定位混乱；

　　④定位怀疑。

第八章　产品策略

第一节　产品整体概念及产品分类

市场营销以满足市场需要为中心，而市场需要的满足只能通过提供某种产品或服务来实现。因此，产品是市场营销的基础，其他的各种市场营销策略，如价格策略、分销策略、促销策略等，都是以产品策略为核心展开的，与产品相关的营销决策直接影响着企业的生死存亡。

一、产品整体概念

菲利浦·科特勒对产品的定义为：产品是能够提供给市场以满足人们需要和欲望的任何东西。产品在市场上包括实体产品、服务、体验、事件、人物、地点、财产、组织、信息和创意。

从现代市场营销的角度看待产品，就满足消费者需要来说，作为整体产品必须包括以下几个部分：

（1）核心产品。核心产品是指向购买者提供的基本效用或利益。消费者购买商品并不是为了获得产品本身，而是为了获得能够满足某种需求的使用价值。如消费者购买洗衣机，并不是为了拥有这种机器物品本身，而是为了获得清洗、洁净衣物和安全的效用。核心产品是消费者追求的最基本内容，也是他们所真正要购买的东西。因此，企业在设计开发产品时，必须首先界定产品能够提供给消费者的核心利益，以此作为立足点。

（2）形式产品。形式产品是核心产品所展示的全部外部特征，即呈现在市场上的产品的具体形态或产品核心功能、效用借以实现的外在形式，主要包括品牌商标、包装、款式、颜色、特色、质量等。即使是纯粹的服务产品，也具有相类似的形式上的特点。产品的基本效用必须通过特定形式才能实现，市场营销人员应该努力寻求更加完善的外在形式来满足顾客的需要。

（3）期望产品。期望产品是指顾客在购买该产品时期望得到的与产品密切相关的一系列属性和条件。比如，旅馆的住客期望得到整洁的床位、洗浴香波、浴巾、衣帽间的服务等。由于大多数旅馆都能满足旅客的一般期望，因此旅客在选择档次条件大致相同的旅馆时，通常不是选择哪家旅馆能够提供所期望的产品，而是根据哪家旅馆就近和方便而定。

（4）延伸产品。延伸产品是指消费者在取得产品或使用产品过程中所能获得的除产品基本效用和功能之外的一切服务与利益的总和，主要包括运送、安装、调试、维修、产品保证、零配件供应、技术人员与操作人员的培训等，它能给消费者带来更多的利益和更大的满足。延伸产品来源于对消费者需要的深入认识。消费者购买商品的根本动机是满足某种需求，但这种需求是综合性的、多层次的，企业必须提供综合性的产品和服务才能满足其需要。特别是随着现代社会科学技术飞速发展，企业的生产和经营管理水平不断提高，不同企业提供的同类产品在核心利益、形体产品和期望产品上越来越接近，因此延伸产品所提供的附加价值的大小在市场营销中的重要性就越来越突出，已经成为企业差异化策略赢得竞争优势的关键因素。正如美国市场营销学者西奥多·莱维特所指出的："未来竞争的关键不在于企业能生产什么产品，而在于其产品提供的附加价值：包装、服务、广告、用户咨询、消费信贷、及时交货、仓储以及人们以价值来衡量的一切东西。"

（5）潜在产品。潜在产品是指产品最终实现的全部附加价值和新转换价值，是附加产品服务和利益的进一步延伸，指明了产品可能的演变给顾客带来的价值。潜在产品是吸引顾客购买非必需品、非渴求品最重要的因素。

比如人们购买保险产品，在购买时并未得到可即刻实现的利益，而是一种承诺，即未来可以实现的理赔收益。

在现代营销环境下，企业销售的不仅仅是单纯的功能，而必须是产品整体概念下的一个系统。在竞争日益激烈的市场环境下，扩大附加产品，即产品给顾客带来的附加利益，已经成为企业市场竞争的重要手段。

树立产品整体观念，有利于企业抓住消费者的核心利益，把握自己的产品策略，从各个营销层面上满足顾客的需求。较大程度地满足消费者的需求是企业的产品始终保持较高的市场占有率和利润率的重要保证。没有产品整体概念，就不能建立现代营销观念。固守传统的产品概念，忽视消费者对一种产品的多样化的需求，就不可能获得经营上的成功。

第二节　产品组合策略

一、基本概念

产品组合是指企业生产或经营的全部产品线和产品项目的有机组合方式，又称产品结构。

产品线指一组密切相关的产品，又称产品系列或产品品类。所谓密切相关，指这些产品或者能够满足同种需求；或者必须配套使用，销售给同类顾客；或者经由相同的渠道销售；或者在同一价格范围内出售。

产品项目指在同一产品线或产品系列下不同型号、规格、款式、质地、颜色或品牌的产品。例如百货公司经营金银首饰、化妆品、服装鞋帽、家用电器、食品、文教用品等,各大类就是产品线；每一大类里包括的具体品牌、品种为产品项目。

企业产品组合可以从宽度、长度、深度和关联度四个维度进行分析。在此以表8-1所显示的产品组合为例加以阐述。

（一）产品组合的广度

产品组合广度又称产品组合的宽度，指企业生产经营的产品线的数量。大中型的多元化经营的企业集团产品组合的广度较宽，而专业化的企业和专营性商店生产和经营的产品品类较少，产品组合的广度较窄。表 8-1 所显示的产品组合广度为四条产品线。

表 8-1　某百货公司的产品组合

	服装	皮鞋	帽子	针织品
产品线的长度	休闲装	男凉鞋	制服帽	针织衫
	西装	女凉鞋	登山帽	保暖裤
	男休闲装	男皮鞋	礼帽	汗衫背心
	女休闲装	女皮鞋	女帽	
	风雨衣		童帽	
	儿童服装			

（二）产品组合的深度

产品组合的深度指企业生产经营的每条产品线中，每种产品品牌所包含的产品项目的数量。一个企业每条产品线中所包含的产品品牌数往往各不相等，每一产品品牌下又有不同的品种、规格、型号、花色的产品项目。例如，百货公司的休闲装有九种规格，那么它的深度就是九；专业商店经营的产品品类较少，但同一产品种类中规格、品种、花色、款式较为齐全，产品组合的深度较深。

（三）产品组合的关联度

产品组合的关联度又称产品组合的密度或相关性，指企业生产和经营的各条产品线的产品在最终用途、生产条件、销售渠道及其他方面相互联系的密切程度。表 8-1 中该百货公司四条产品线都是人们的穿着用品，产品的最终用途相同，可以通过相同的分销渠道销售，其关联度较为密切。

一般而言，实行多元化经营的企业，因同时涉及几个不相关的行业，各产品之间相互关联的程度较为松散；而实行专业化经营的企业，各产品之间相互关联的程度则较为密切。

企业产品组合的广度、长度、深度和关联度不同，就构成不同的产品组合。分析企业产品组合，具体而言就是分析产品组合的广度、长度、深度及关联度的现状、相互结合运作及发展态势。一般情况下，扩大产品组合的广度，有利于拓展企业的生产和经营范围，实行多元化经营战略，可以更好地发挥企业潜在的技术、资源及信息等各方面优势，提高经济效益，还有利于分散企业的投资风险；延伸产品线的长度，使产品线充裕丰满，使企业拥有更全面的产品线，有助于扩大市场覆盖面；加强产品组合的深度，在同一产品线上增加更多花色、品种、规格、型号、款式的产品，可以使企业产品更加丰富多彩，满足更广泛的市场需求，提升产品线的专业化程度，占领同类产品更多的细分市场，增强企业竞争力；加强产品组合的相关性，可以强化企业各条产品线之间的相互支持，协同满足消费者，有利于资源共享，降低成本，可以使企业在某一特定的市场领域内增强竞争力和市场地位，赢得良好的企业声誉。因此，产品组合策略也就是企业根据市场需求、营销环境及自身能力和资源条件，对自己生产和经营的产品从广度、长度、深度和关联度四个维度进行综合选择和调整的决策。

二、产品组合策略

分析产品组合，既包括分析企业每一项产品所处的市场地位及其在企业经营中的重要程度，也包括对各个不同产品项目的相互关系和组合方式的分析，其最主要的目的在于弄清在不断变化的市场营销环境中，企业现有的商品组合与企业的总体战略、营销策略的要求是否一致，以根据内、外部环境的要求对现有的企业产品组合进行调整。

企业在调整和优化组合时，根据不同情况，可以选择如下策略：

（一）扩大产品组合

包括拓展产品组合的宽度和增强产品组合的深度。前者是在原产品组合中增加一条或几条产品大类，扩大经营产品范围；后者是在原有产品大类内增加新的产品项目。当企业预测现有产品大类的销售额和利润额在未来一段时间内有可能下降时，就应考虑增加新的产品类型，或加强其中有发展潜力的产品。当企业打算增加产品特色，或为更多的子市场提供产品时，则可选择在原有产品大类内增加新的产品项目。

一般而言，扩大产品组合，可使企业充分地利用人、财、物资源，分散风险，增强竞争能力。

（二）缩减产品组合

当市场繁荣时，较长、较宽的产品组合会为许多企业带来较多的盈利机会。但当市场不景气或原料、能源供应紧张时，缩减产品反而可能使总利润上升。这是因为从产品组合中剔除了那些获利很少甚至不获利的产品大类或产品项目，使企业集中力量发展获利多的产品大类和产品项目。通常情况下，企业的产品大类有不断延长的趋势，主要原因如下：

（1）生产能力过剩迫使产品大类经理开发新的产品项目。

（2）经销商和销售人员要求增加产品项目，以满足顾客的需要。

（3）产品大类经理为了追求更高的销售额和利润而增加产品项目。

但是，随着产品大类的延长，设计、工程、仓储、运输、促销等市场营销费用也随之增加，最终将会减少企业的利润。在这种情况下，需要对产品大类的发展进行相应的遏制，删除那些得不偿失的产品项目，使产品大类缩短，提高经济效益。

（三）产品延伸

每一个企业的产品都有其特定的市场定位。产品延伸策略指全部或部分地改变企业原有产品的市场定位，具体做法有向下延伸、向上延伸和双向延伸三种。

（1）向下延伸。指企业原来生产高档产品，后来决定增加低档产品。企业采取这种策略的主要原因是：①企业发现其高档产品销售量增长缓慢，因此不得不将其产品大类向下延伸；②企业的高档产品受到激烈的竞争，必须用进入低档产品市场的方式来反击竞争者；③企业当初进入高档产品市场是为了树立其质量形象，然后再向下延伸；④企业增加低档产品是为了填补空隙，使竞争者无机可乘。

企业在采取向下延伸策略时会遇到一些风险，如：①企业原来生产高档产品，后来增加低档产品，有可能使名牌产品的形象受到损害，所以，低档产品最好用新的商标，不要用原先高档产品的商标；②企业原来生产高档产品，后来增加低档产品，有可能会激怒生产低档产品的企业，导致其向高档产品市场发起反攻；③企业的经销商可能不愿意经营低档产品，因为经营低档产品所得利润较少。

（2）向上延伸。指企业原来生产低档产品，后来决定增加高档产品。主要理由是：①高档产品畅销，销售量增长较快，利润率高；②企业估计高档产品市场上的竞争者较弱，易于被击败；③企业想使自己成为生产种类全面的企业。

采取向上延伸策略也要承担一定风险，如：①可能引起生产高档产品的竞争者进入低档产品市场，进行反攻；②未来的顾客可能不相信企业能生产高档产品；③企业的销售代理商和经销商可能没有能力经营高档产品。

（3）双向延伸。即原定位于中档产品市场的企业掌握了市场优势以后，决定向产品大类的上、下两个方向延伸，一方面增加高档产品，另一方面增加低档产品，扩大市场阵地。

（四）产品大类现代化

在某些情况下，虽然产品组合的宽度、长度都很恰当，但产品大类的生产形式却可能已经过时，这就必须对产品大类实施现代化改造。例如，某企业还停留在20世纪六七十年代的生产水平，技术性能及操作方式都较落后，这必然使产品缺乏竞争力。如果企业决定对现有产品大类进行改造，产品大类现代化策略就会首先面临这样的问题：是逐步实现技术改造，还是以最快的速度用全新设备更换原有的旧设备，并用充足的时间重新设计他们的产品大类？而快速现代化策略虽然在短时期内耗费资金较多，却可以出其不意，击败竞争对手。这些都是要认真加以权衡的。

第三节 产品生命周期

一、产品生命周期的含义

产品生命周期是指产品从进入市场到退出市场的周期变化过程。产品的生命周期不是指产品的使用寿命，而是指产品的市场寿命。营销学者通常认为，产品的市场生命周期要经历四个阶：市场导入期、市场成长期、市场成熟期和市场衰退期。

导入期：是指新产品刚进入市场的时期。往往表现为销售量增长缓慢，由于销售量小，产品的开发成本又高，所以新产品在导入期只是一个成本回收的过程，利润一般是负的。

成长期：是产品已开始为大批购买者所接受的时期。往往表现为销售量的急速上升。由于销售量的上升和扩大，规模效应开始显现，产品的单位成本下降，于是新产品的销售利润也就开始不断增加。

成熟期：由于该产品的市场已趋于饱和，或已出现强有力的替代产品的竞争，销售量增速开始趋缓，并逐步趋于下降。由于此时产品为维持市场而投放的销售成本开始上升，产品的利润也开始随之下降。

衰退期：由于消费者的兴趣转移，或替代产品已逐步开始占领市场，产品的销售量开始迅速下降，直至最终退出市场。

二、特殊的产品生命周期

（一）风格型

风格型是一种存在于人类的基本生活中但特点突出的表现方式。风格一旦产生，可能会延续数代，根据人们对它的兴趣而呈现出一种循环再循环的模式，时而流行，时而又可能并不流行。

（二）时尚型

时尚型是指在某一领域里，目前为大家所接受且欢迎的风格。时尚型的产品生命周期特点是刚上市时很少有人接纳（称之为独特阶段），但接纳人数随着时间慢慢增多（模仿阶段），终于被广泛接受（大量流行阶段），最后缓慢衰退（衰退阶段），消费者开始将注意力转向另一种更吸引他们的时尚。

（三）热潮型

热潮型是一种来势汹汹且很快就吸引大众注意的时尚，俗称时髦。热潮型产品的生命周期往往快速成长又快速衰退，主要是因为它只是满足人类一时的好奇心或需求，所吸引的只限于少数寻求刺激、标新立异的人，通常无法满足人们更强烈的需求。

（四）扇贝型

产品生命周期主要指产品生命周期不断地延伸再延伸，这往往是因为扇贝型产品创新或不时发现新的用途。

三、产品生命周期各阶段的策略

（一）导入期的营销策略

新产品在刚刚推出市场时，销售量增长缓慢，往往可能是无利润甚至亏损，其原因是：生产能力未全部形成，工人生产操作尚不熟练，次品、废品率高，增加了成本。加上消费者对新产品有一个认识过程，不会立刻接受它。该阶段企业的基本策略应当是突出一个快字，以促使产品尽快进入成长期。具体操作一般可选择以下几种策略：

（1）快速撇脂策略。企业以高价格高促销的方式推广新产品。高价是为了迅速使企业收回成本并获取高额的利润。高促销是为了尽快打开销路，使更多的人知晓新产品的存在。高促销就是要通过各种促销手段，增强刺激强度。除了大规模的广告宣传外，也可以利用特殊手段诱使消费者使用。如通过赠送样品，将新产品附在老产品中免费赠送等等。

快速撇脂策略适用的市场环境：绝大部分消费者还没有意识到该新产品，知道它的人有强烈的购买欲望而不大在乎价格，产品存在着潜在的竞争对手，企业想提高产品的声誉。

（2）缓慢撇脂策略。企业以高价格低促销的方式推广新产品。主要目的是为了获取最大的利润。高价可迅速收回成本加大利润，低促销又可减少营销成本。

缓慢撇脂策略适用的市场环境：市场规模有限，消费者中的大多数已对该产品有所了解，购买者对价格不是很敏感，潜在的竞争对手少。

（3）快速渗透策略。企业以低价格高促销的方式推广新产品。这一策略的目的是为了获得最高的市场份额。所以，新产品的定价在一个低水平上确定，以求获得尽可能多的消费者的认可。同时，通过大规模的促销活动把信息传递给尽可能多的人，刺激他们的购买欲望。

快速渗透策略适用的市场环境：市场规模大，消费者对该产品知晓甚少，购买者对价格敏感，潜在竞争对手多且竞争激烈。

（4）缓慢渗透策略。企业用低价格低促销的方式推广新产品。使用该策略的目的一方面是为了以低价避免竞争，促使消费者尽快接受新产品；另一方面以较低的促销费用来降低经营成本，确保企业的利润。

缓慢渗透策略适用的市场环境：产品市场庞大，消费者对价格比较敏感，产品的知名度已经较高，潜在的竞争压力较大。

（二）成长期的营销策略

新产品经受住了市场的严峻考验，就进入了成长阶段，这一阶段的特点是：销售量直线上升，利润也迅速增加。由于产品已基本定型，废品、次品率大大降低，销售渠道也已疏通，所以产品经营成本也急剧下降，产品的销售呈现出光明的前景。在这一阶段的后期，由于产品表现出了高额的利润，促使竞争对手逐步加入，竞争趋于激烈化。这一阶段，企业应尽可能维持销售量的增长速度，同时突出一个"好"字，把保持产品的品质作为主要目标，具体策略有：

（1）改进产品品质。从质量、性能、式样、包装等方面努力加以改进，以对抗竞争产品，还可以从拓展产品的新用途着手以巩固自己的竞争地位。

（2）扩展新市场。使产品进一步向尚未涉足的市场进军。在分析销售实绩的基础上，仔细寻找出产品尚未到达的领域，作重点努力，同时，扩大销售网点，方便消费者购买。

（3）加强企业与产品的定位。广告宣传由建立产品知名度逐渐转向建立产品信赖度，增加宣传产品的特色，使其在消费者心目中产生与众不同的感觉。

（4）调整产品的售价。产品在适当的时候降价或推出折扣价格，这样既可以吸引更多的购买者参与进来，又可以阻止竞争对手的进入。

在这一阶段，企业往往会面临高市场占有率和高利润间的抉择。因为两者似乎是矛盾的，要获取高的市场占有率势必要改良产品、降低价格、增加营销费用，这会使企业的利润减少。但是如果企业能够维持住高的市场占有率，在竞争中处于有利的地位，将会有利于今后的发展，放弃了眼前的利润，将会在成熟期阶段得到补偿。

（三）成熟期的营销策略

产品的销售增长速度在达到顶点后将会放慢下来，并进入一个相对的稳定时期，这一阶段的特点是产品的销量大、利润大、时间长。在成熟期的后半期，销量达到顶峰后开始下跌，利润也逐渐下滑。

这一阶段的基本策略是突出一个"优"字。应避免消极防御，而要采取积极的进攻策略，突出宣传产品的特定优势，以增加或稳定产品的销售。具体做法有：

（1）扩大市场。市场销售量＝某产品使用人数 × 每个使用者的使用率。

扩大使用人数，企业可以通过争取尚未使用者、竞争对手的顾客这两种方法来增加其销售量。

提高使用率，企业可以鼓励使用者增加使用次数、增加产品每次的使用量。

（2）改进产品。改进产品是为了吸引新的购买者和扩大现有使用者的队伍。企业通过对产品的改良，使顾客对产品产生新鲜感，从而带动产品的销售。改进产品也是应对竞争对手的一个有效措施。产品的改进应主要在质量、性能、特色、式样上下功夫。

（3）改进营销组合。企业的营销组合不是一成不变的，它应该随着企业内外部环境的变化而做出相应的调整。产品的生命周期到了成熟阶段，各种内外部条件发生了重大的变化，因而营销组合也就要有一个大的调整。这是为了延长产品的成熟期，避免衰退期过早到来。实际上，企业要使上述两个策略取得成功，不依靠营销组合的改进也是很难做到的，所以，改进营销组合是和扩大市场、改进产品策略相辅相成的。

（四）衰退期的营销策略

这一阶段的特征是销售额和利润额开始快速下降，企业往往会处于一个微利甚至无利润的境地。

在衰退阶段，企业的策略应建立在"转"的基础上。产品的衰退是不可避免的，因此，到了这时，企业应积极地开发新产品，有计划地使新产品的衔接圆满化；另一方面，针对市场形势，既保持适当的生产量以维护一部分市场占有率，又要做好撤退产品的准备。这时，企业应逐渐减少营销费用，如把广告宣传、销售促进等费用都降到最低，以尽量使利润不致跌得太厉害。

第四节　品牌策略

一、品牌的定义

品牌是指一种名称、名词、标记、符号或图形设计，或是它们的组合运用，其目的是借以辨认某个销售者或某群销售者的产品或劳务，并使其区别于竞争对手。品牌中可以读出来的部分叫作品牌名称。品牌中不发声但可识别的符号、色彩、图形、字母等叫作品牌标记。

经过注册获得专用权的品牌叫作商标。一般注册商标标明"注册商标""注册第××号商标""Registered Trade Mark"等。

品牌包括商标。商标是一个法律名词，指的是企业对某个品牌名称和品牌标志的专用权，其他企业都不能仿效使用。因此，商标本质上是受法律保护的品牌或是品牌的一部分。

品牌作为特定企业及其产品的形象标识，具有以下六个层次的含义：

（1）属性：是指品牌所代表的产品或企业的品质内涵，它可能代表着某种质量、功能、工艺、服务、效率或位置。

（2）利益：从消费者的角度看，他们并不是对品牌的属性进行简单的接受，而是从自身的角度去理解各种属性对自身所带来的利益，所以品牌在消费者的心目中往往是不同程度的利益象征，消费者会以品牌所代表的利益大小来对品牌做出评价。

（3）价值：品牌会因其所代表的产品或企业的品质和声誉而形成不同的等级层次，从而在顾客心目中形成不同的价值，同时它也体现了企业在产品设计和推广中的某种特定的价值观。

（4）文化：品牌是一种文化的载体，其所选用的符号本身是一种显在文化，它可使人们产生同其文化背景相应的各种联想，从而决定其取舍。

品牌所代表的产品或企业本身所具有的文化特征，也会在品牌中体现出来，被人们理解和认同，这是品牌的隐含文化。

（5）个性：好的品牌应具有鲜明的个性特征，其不仅在表现形式上能使人们感到独一无二、新颖突出，而且会使人们联想到某种具有鲜明个性特征的人或物，这样才能使品牌产生有效的识别功能。

（6）用户：一种产品的品牌往往还暗示着购买或使用该品牌产品的消费者类型，因为它往往会是某些特定的顾客群体所喜欢和选择的，从而使某些品牌成为某些特定顾客群体的角色象征。群体之外的人使用该品牌的产品会使人感到惊讶。这也就是使用者同品牌所代表的价值、文化与个性之间的适应性。

在以上六个方面中，品牌的价值、文化和个性是品牌的深层内涵和品牌中最持久的部分，是一个特定的品牌最不易被他人模仿的东西。公众可以从以上六个方面识别的品牌为深度品牌，否则为肤浅品牌，只有深度品牌才能充分发挥品牌的作用。企业在进行品牌决策时，必须注意品牌的一整套含义，必须注意对品牌深层次含义的策划。

任何企业对于树立品牌的意义都不应忽视。一方面，好的品牌是企业的无形资产。一个好的品牌实际上代表了一组忠诚的顾客，这批顾客会不断地购买本企业的产品，形成企业稳定的顾客群，确保企业销售额的稳定，形成企业的无形资产。另一方面，品牌具有扩散效应，当一种品牌赢得消费者的认可和好评后，企业即可利用消费者的"晕轮效应"成功地推出系列产品，扩展产品线。消费者因为认可前面的产品，从而爱屋及乌，很可能习惯性地接受该企业推出的其他产品。

二、品牌的作用

（一）将企业的产品与竞争者产品区别开来

品牌是企业产品的象征和标志。消费者通过品牌将企业的产品与竞争者的产品区别开来，对于企业来说，这形成了企业产品与竞争者产品的相对差异性，从而使得企业可以制订一个相对差异的价格；对于消费者来说，通过选择某个品牌的产品并进而形成品牌忠诚，可以在一定程度上降低购买的认知风险，减少精力和时间的耗费。

（二）保护企业的无形资产

品牌，特别是知名品牌，是企业的一项极其重要的无形资产，品牌中的商标通过法律注册后就会受到法律的保护，这样一方面可以避免其他企业对企业品牌的模仿和假冒，另一方面也提高了消费者购买的信心。

（三）降低企业营销的难度

企业可以通过创建知名品牌，赢得市场竞争优势。这是因为，一方面消费者很大程度上会选择熟悉的知名品牌，从而增加企业推广其品牌的迫切性；另一方面产品自身的特征会影响品牌的美誉度，这就促使企业努力提高产品性能以满足消费者的需要。

（四）增值功能

知名品牌能够给企业带来差别于竞争者的独特优势，从而使得企业在市场上赢得溢价。企业的超额利润就是品牌的增值功能。

三、品牌策略

可供企业选择的产品品牌策略主要包括以下六种：

（一）品牌有无策略

企业首先要对是否创建品牌做出抉择。产品是否使用品牌要视企业产品的特征和战略意图来定，大多数产品需要通过品牌塑造来提升其形象，但有些产品则没有必要塑造品牌，这包括：①大多数未经加工的原料产品，如棉花、矿砂等；②同质化程度很高的产品，如电力、煤炭、木材等；③某些生产比较简单、选择性不大的小商品，如小农具；④临时性或一次性生产的产品。这类产品的品牌效应通常效果不大，因此企业不塑造品牌反而可以为企业减少成本增加利润。

（二）品牌使用策略

企业在决定了使用品牌之后，还要决定如何使用品牌。企业通常可以在三种品牌使用策略之间进行选择，它们包括：①制造商品牌策略。企业创立品牌，从而赋予产品更大的价值，并从中获得品牌权益。②经销商品牌策略。实力强大的经销商会倾向于树立自己的品牌，而实力弱小无力塑造品牌的小企业则通过"代工"来盈利。有一部分大企业也会把这种业务当作自己重要的利润来源，这是由于渠道实力的逐渐增强所导致的。③混合策略。企业对自己生产的一部分产品使用制造商品牌，而对另外一部分产品则使用中间商品牌。这种策略可以使企业获得上述两种策略的优点。

（三）统分品牌策略

如果企业决定使用自己的品牌，那么还要进一步在使用单一品牌和使用多品牌之间做出抉择。

（1）统一品牌策略。企业对所有产品均使用单一的品牌。例如，海尔集团的所有家电均使用海尔品牌。单一品牌策略可以使企业的品牌效益最大化，使不同的产品都享受到品牌所带来的声誉，并建立企业对外统一的形象。但单一品牌也可能由于某些产品的失败而受损。

（2）个别品牌。企业对不同的产品使用不同的品牌。这种策略避免了品牌由于个别产品失败而丧失声誉的危险，同时有助于企业发展多种产品线和产品项目，开拓更广泛的市场。这种策略的主要缺点是品牌过多，不利于发挥营销上的规模性。这种策略适用于那些产品线很多、产品之间关联性小的企业。

（四）品牌延伸策略

品牌延伸策略是指企业利用已有的成功品牌来推出新产品的策略。例如，百事可乐公司在碳酸饮料取得成功之后，又推出了服装、运动包等产品。这种策略可以借助于成功品牌的声誉将新产品成功地推向市场，节约了企业市场推广的费用，但新产品的失败可能给原有品牌的声誉带来影响。

（五）多品牌策略

多品牌策略是指企业为一种产品设计两个或两个以上的品牌。这种策略的主要优势在于：

（1）可以占据更多的货架空间，从而减少竞争者产品被选购的机会。

（2）可以吸引那些喜欢求新求异而需要不断进行品牌转换的消费者。

（3）多品牌策略可以使企业发展产品的不同特性，从而占领不同的细分市场。

（4）发展多种品牌，可以促进企业内部各个产品部门和产品经理之间的竞争，提高企业的整体效益。

（六）品牌重新定位策略

由于消费者需求和市场结构的变化，企业的品牌可能丧失原有的吸引力。因此，企业有必要在一定的时期对品牌进行重新定位。在对品牌进行重新定位的时候，企业需要考虑以下两个问题：

（1）将品牌从一个细分市场转移到另外一个细分市场所需要的费用，包括产品质量改变费、包装费及广告费等。

（2）定位于新位置的品牌的盈利能力。盈利能力取决于细分市场上消费者人数、平均购买力、竞争者的数量和实力等。

第五节　包装策略

一、包装的概念和作用

正如俗语所说："佛要金装，人要衣装。"商品也需要包装，再好的商品，也可能因为包装不适而卖不出好价钱。据有关统计，产品竞争力的30%来自包装。而随着人们生活水平的提高，对精神享受的要求也日益增长，在激烈的市场竞争中，包装对于顾客选择商品的影响越来越明显。包装是商品的"无声推销员"，其作用除了保护商品之外，还有助于商品的美化和宣传，激发消费者的购买欲望，增强商品在市场上的竞争力。

（一）包装的概念

产品包装有两层含义：一是指产品的容器和外部包扎，即包装器材；二是指采用不同形式的容器或物品对产品进行包装的操作过程，即包装方法。在实际工作中，二者往往难以分开，故统称为产品包装。

（二）包装的作用

产品的包装最初是为了在运输、销售和使用过程中保护商品，而随着市场经济的发展，在现代市场营销中产品的包装作为产品整体的一部分，对产品陈列展示和销售日益重要，甚至许多营销人员把包装（Package）称为4P后的第5个P。

一般来说，包装具有以下作用：

（1）保护商品。保证商品的内在质量和外部形状，使其从生产过程结束到转移至消费者手中，甚至被消费之前的整个过程中，商品不致损坏、散失和变质。包装是直接影响商品完整性的重要手段。特别是对易腐、易碎、易燃、易蒸发的商品，如果有完善的包装，就能很好地保护其使用价值。过去由于我国的企业对包装不够重视，包装技术落后，由此每年造成的损失数以百亿计，令人触目惊心。

（2）便于储运。商品的包装要便于商品的储存、运输、装卸。如液体、气体、危险品，如果没有合适的包装，商品储运就无法进行。包装还要便于消费者对商品的携带。

（3）促进销售。包装可谓是商品"无声的推销员"。通过包装，可以介绍商品的特性和使用方法，便于消费者识别，能够起到指导消费的作用。通过美观大方、漂亮得体的包装，还可以极大地改善商品的外观形象，吸引消费者购买。杜邦公司的营销人员经过周密的市场调查后，发明了著名的杜邦定律，即63%的消费者是根据商品的包装而进行购买决策的；到超级市场购物的家庭主妇，由于精美包装的吸引，所购物品通常超过她们出门时打算购买数量的45%。由此可以看出，包装是商品的"脸面"和"衣着"，作为商品的"第一印象"进入消费者的视野，影响着消费者购买与否的心理决策。

（4）增加利润。商品的包装是商品的一个重要组成部分。高档商品必须配以高档次的包装，精美的包装不仅能美化商品，还可以提高商品的身价。同时，由于包装降低了商品的损耗，提高了储存运输装卸的效率，从而增加了企业利润。我国许多传统的出口产品因包装问题给人以低档廉价的感觉，形成"一流产品、二流包装、三流促销、四流价格"的尴尬局面。精明的外商往往将产品买走后，只需换上精美的包装，就能使商品显得高档雅致，从而身价陡增，销路大开，外商赚取一大笔钱。

二、包装设计的原则

（一）执行国家的法律、法规

申请专利的包装设计，是作为知识产权受法律保护的。企业好的包装应尽早申请专利，避免被侵权。

包装作为"无声的推销员"，有介绍商品的义务。我国保护消费者权益的法律法规规定一些商品的包装上必须注明商品名称、成分、用法、用量以及生产企业的名称、地址等；对食品、化妆品等与群众身体健康密切相关的产品，必须注明生产日期和保质期等。

（二）美观大方，突出特色

商品包装在保证安全、适于储运、便于携带和使用外，还应该具有美感。美观大方的包装能够给人以美的感受，有艺术感染力，从而成为激发消费者购买欲望的主要诱因。因此，商品包装设计要体现艺术性和产品个性，有助于实现产品差异化，满足消费者的某种心理要求。

（三）保护生态环境

随着消费者环保意识的增强，在包装的材料运用以及包装设计上要注意保护生态环境。努力减轻消费者的负担，节约社会资源，禁止使用有害包装材料，实施绿色包装战略。

（四）心理、文化适应

销往不同地区的商品，要注意使包装与当地的文化相适应。尤其在国际市场营销中要特别注意，切忌出现有损消费者宗教情感、容易引起消费者反感的颜色、图案和文字。消费者对商品包装的不同偏好，直接影响其购买行为，久而久之还会形成习惯性的购买心理。因此在商品包装的造型、体积、重量、色彩、图案等方面，应力求与消费者的个性心理相吻合，以取得包装与商品在情调上的协调，并使消费者在某种意象上去认识商品的特质。

（五）包装与产品本身相适宜

包装要力求经济实用，不同档次的商品配以不同的包装。要做到表里如一，既要防止"金玉其中，败絮其外"，更应防止"金玉其外，败絮其中"。避免过度包装。

三、包装策略类型

商品包装在市场营销中是一个强有力的竞争武器，良好的包装只有同科学的包装策略结合起来才能发挥其应有的作用，因此企业必须选择适当的包装策略。可供企业选择的包装策略有以下几种：

（一）类似包装策略

是指企业所生产经营的各种产品在包装上采用相同的图案、色彩或其他共有特征，从而使整个包装外形相似，使公众容易认识到这是同一家企业生产的产品。

这种策略的主要优点是：①便于宣传和塑造企业产品形象，节省包装设计成本和促销费用。②能增强企业声势，提高企业声誉。一系列格调统一的商品包装势必会使消费者受到反复的视觉冲击而形成深刻的印象。③

有利于推出新产品，通过类似包装可以利用企业已有的声誉，使新产品能够迅速在市场上占有一席之地，即借助已成功的产品带动其他产品。

类似包装适用于质量水平档次雷同的商品，不适于质量等级相差悬殊的商品，否则会对高档优质产品产生不利影响，并危及企业声誉。其弊端还在于，如果某一个或几个商品出了问题，会对其他商品带来不利影响。

（二）分类包装策略

是指企业依据产品的不同档次、用途、营销对象等采用不同的包装。比如把高档、中档、低档产品区别开来，对高档商品配以名贵精致的包装，使包装与其商品的品质相适应；对儿童使用的商品可配以色彩和卡通形象等来增强吸引力。

（三）综合包装策略

综合包装又称多种包装、配套包装，是指企业把相互关联的多种商品置入同一个包装容器之内一起出售。比如工具配套箱、家用各式药箱、百宝箱、化妆盒等。但要注意，在同一个包装物内必须是关联商品。如牙膏和牙刷组合包装、一组化妆品组合包装等。

这种策略为消费者购买、携带、使用和保管提供了方便，有利于企业带动多种产品的销售，尤其有利于新产品的推销。

（四）再利用包装策略

再利用包装又称多用途包装，是指在包装容器内的商品使用完毕后，其包装并未作废，还可继续利用。可用于购买原来的产品，也可用作其他用途。比如啤酒瓶可再利用，饼干盒、糖果盒可用来装文具杂物，塑料袋可当作手提包等。

这种策略增加了包装物的用途，刺激了消费者的消费欲望，扩大了商品销售，同时带有企业标志的包装物在被使用过程中可起到广告载体的作用。这种商品的包装不仅与商品的身份相适应，有的还可作为艺术品收藏。

（五）附赠品包装策略

这是目前国际市场上比较流行的包装策略，现在在我国市场上运用也很广泛。这种策略是指企业在某商品的包装容器中附加一些赠品，以吸引消费者购买的兴趣，诱发重复购买。比如儿童食品包装中附赠玩具、连环画、卡通图片等，化妆品包装中附有美容赠券等。有些商品包装内附有奖券，中奖后可获得奖品；如果使用累积获奖的方式，效果更明显。

（六）更新包装策略

是指企业为克服现有包装的缺点，适应市场需求，而采用新的包装材料、包装技术、包装形式的策略。

在现代市场营销中，商品的改进也包括商品包装的改进，这对商品的销售起着重要作用。有的商品与同类商品的内在质量近似，但销路却不畅，可能就是因为包装设计不受欢迎，此时应考虑变换包装。

推出富有新意的包装，可能会创造出优良的销售业绩。如把饮料的瓶装改为易拉罐装、把普通纸的包装改为锡纸包装、采用真空包装等。

（七）容量不同的包装策略

是指根据商品的性质、消费者的使用习惯，设计不同形式、不同重量、不同体积的包装，使商品的包装能够适应消费者的习惯，给消费者带来方便，刺激消费者的购买欲。比如以前四川人在销售其"拳头"产品——榨菜时，一开始是用大坛子、大篓子将其商品卖给上海人；精明的上海人将榨菜装在小坛子后，出口日本；在销路不好的情况下，日本商人又将从上海进口的榨菜原封不动地卖给了香港商人；而爱动脑子、富于创新精神的香港商人，以块、片、丝的形式分成真空小袋包装后再返销日本。从榨菜的"旅行"过程中，各方商人都赚了钱，但是靠包装赚"大钱"的还是香港商人。而如今四川榨菜的包装已今非昔比，大有改观，极大地刺激市场需求，企业的利润也大幅度增长。

第九章 市场营销发展的趋势

第一节 服务营销

随着经济全球化的发展，市场营销竞争愈演愈烈，由于科学技术的广泛运用，信息传递的速度越来越快，企业的产品及质量趋于同质化，产品之间的差异越来越不明显。企业开始在市场中寻找新的竞争优势，由于消费者不再满足基本的吃住行消费，而渐渐追求消费中的满意或是更多的价值回报，于是很多企业把目光集中到提供给消费者优质的服务上，由此，服务营销作为一种新的营销策略应运而生，社会开始进入服务经济时代。

一、服务与服务营销理解

作为服务市场营销学基石的"服务"概念，营销学者一般是从区别于有形的实物产品的角度来进行研究和界定的。如菲利普·科特勒把服务定义为一方提供给另一方的不可感知且不导致任何所有权转移的活动或利益。又如，美国市场营销学会将其定义为"主要为不可感知，却使欲望获得满足的活动，而这种活动并不需要与其他的产品或服务的出售联系在一起。生产服务时可能会或不会利用实物，而且即使需要借助某些实物协助生产服务，这些实物的所有权将不涉及转移的问题"。在综合各种不同服务定义和分析"服务"的真正本质的基础上，我们认为，服务是一种涉及某些无形因素的活动、过程和结果，它包括与消费者或他们拥有的财产间的互动过程和结果，并且不会造成所有权的转移。在我们的定义中，服务不仅是一种活动，而且是一个过程，还是某种结果。例如，个人电脑的维修服务，它既包括维修人员检查和修理计算机的活动和过程，又包括这一活动和过程的结果，即消费者得到完全或部分恢复正常的计算机。

现实经济生活中的服务可以分为两大类。一种是服务产品，产品为消费者创造和提供的核心利益主要来自无形的服务。另一种是功能服务，产品的核心利益主要来自形成的成分，无形的服务只是满足消费者的非主要需求。贝瑞和普拉苏拉曼认为，在产品的核心利益来源中，有形的成分比无形的成分要多，那么这个产品就可以看作是一种"商品"（指有形产品）；如果无形的成分比有形的成分要多，那么这个产品就可以看作是一种"服务"。

与服务的这种区分相一致，服务营销的研究形成了两大领域，即服务产品的营销和消费者服务营销。服务产品营销的本质是研究如何促进作为产品的服务的交换；消费者服务营销的本质则是研究如何利用服务作为一种营销工具促进有形产品的交换。但是，无论是服务产品营销，还是消费者服务营销，服务营销的核心理念都是消费者满意和消费者忠诚，通过取得消费者的满意和忠诚来促进相互利益的交换，最终实现营销绩效的改进和企业的长期成长。

二、服务特性

针对服务的定义，在设计营销方案时，必须看到服务具有以下几点特征：

1. 服务的无形性

无形性是服务区别于有形产品的重要特性，它可以从三个不同的层面加以理解。首先，服务不是某一种具体的有形实物，而是一种无形需求的满足。其次，服务组成的元素都是无形的，人们不能通过触摸或肉眼进行感知，因此消费者在购买服务产品之前不能对其质量进行准确判断，实际得到服务的质量具有极大的不确定性。最后，消费者使用服务后得到服务的价值很难被察觉或是要等一段时间后才能感觉到服务价值的存在。因此，往往消费者在接受服务后不能立刻地、很明确地总结出服务质量的优劣，故难以客观地做出对服务质量的评价。

服务的无形性是一个区别于有形产品的相对概念，但服务产品中或多或少地包括一部分有形产品或服务产品依托于有形产品而存在，如有形产品的定制服务。因此，具有完全无形性特点的服务极少，很多服务需要服务人员依托有形实物才能完整地完成服务过程。例如餐饮服务业中，不仅要提供厨师的烹调服务，还必须有菜肴的食物加工作为依托。

此外，消费者需求的不是有形产品本身，而是这些有形产品所承载的服务或效用。随着企业服务水平的日益提高，很多消费品或生产原料都会辅之以服务一起出售给消费者，消费者在购买某些有形商品，例如汽车、家用电器、手机等有形商品时，会得到保养、维修、产品升级等服务。

由于服务的无形性，消费者在初次购买服务前必须参考许多来自不同方面的相关信息，努力地寻找服务质量的标志和论据，通常会根据服务环境及服务人员外表及亲朋好友的经历来评估服务质量的好坏，然后再决定是否购买，并且在接受服务的过程中以主观的方式来感知服务。因此，企业必须努力利用各种有形证据和市场沟通手段来增加消费者的购买信心，同时注重提高服务过程中消费者对服务质量的感知。当再次购买服务时，消费者则更多依靠先前的购买经验。

2. 生产和消费的同时性

对服务产品而言，服务的生产过程与消费过程是同时进行的。有形产品从生产、流通到最终消费的过程中，往往要经过一系列中间环节，这一系列中间环节消费者很少介入其中，故企业生产和消费者使用具有一定的时间间隔。但是，服务人员向消费者提供服务的过程，也正是消费者享受服务的过程。服务的生产和消费在时间上不可分离，并且在这一过程中，消费者可随时关注服务的产生。例如当一个消费者来到美发店，美发师提

供服务的同时消费者也在享受服务，并且可随时对发型样式提出需求。由
于服务生产与消费具有同时性，因此消费者必须参与到服务过程中来，而
且在消费者享受之前，服务产品无法被生产出来。这就要求企业对服务的
管理和营销必须具有实时性，即在服务生产和消费者消费的过程中同时进
行。企业切不可将服务的生产等同于有形产品的生产，也不可单纯利用有
形产品的质量控制方法和先生产后促销的方法来实现服务的生产、营销。

3. 消费者参与性

在服务行业中，消费者亲身参与到服务的生产过程中，消费者是服务
过程的重要组成部分。例如，只有消费者就餐时，酒店才能完成餐饮的服
务过程，消费者不仅仅是服务的对象，同时也要作为一种资源要素亲自参
与服务产品的生产。

在不同的服务中，消费者参与的程度和参与的环节不同。如在接受航
空服务时，消费者需要参与订票、前往机场、检票、登机、乘坐飞机、出
机场的全过程；当业主要求物业部门修理漏雨的墙壁时，也许物业维修人
员会在住户不在家的情况下进行修理，但业主至少需要打电话联系修理工
前来修理，所以业主还是参与了服务过程。

4. 不可储存性

服务产品具有不可储存性。服务不可能像有形产品那样生产出来后被
储存起来，以备择时出售。虽然服务产品的不可储存性可为企业省去产品
库存费用及运输费用，但服务如果不在有效时间内消费，就会给服务提供
者造成损失。例如，电影院里的空座，第一场电影的放映服务是没有办法
在第二场电影放映过程中销售的。如果某种服务在某一时段的需求很小，
尽管企业的生产资源很充足，却只有少量消费者前来消费，服务生产能力
得不到充分实现，对于企业来说无疑是一种浪费；或者在某一时段内服务
需求很大，但由于企业生产资源的限制，不能同时提供足够多的服务来满
足当时的需求，对企业来说也是一种损失。例如，高海拔地区的旅游业受
气候影响明显，冬季严寒，旅游服务需求很小，景区、宾馆等服务生产资

源的生产力没有得到充分发挥，旅游车的上座率与宾馆的入住率都很低，这无疑是对服务生产资源的浪费。到了夏季，旅游服务需求很大，但宾馆、交通等服务资源有限，满足不了消费者旺盛的需求，形成损失等。

5. 异质性

服务的无形性和消费者参与性特征，致使服务产品无法同有形产品一样实现标准化生产，服务的生产需要利用多种资源并在员工与消费者的互动中进行，所以服务生产过程中消费者、员工和环境的差异对服务的生产和传递过程乃至最终质量都会产生影响，甚至相同的消费者每次接受相同的服务，其质量很可能是不同的。

服务具有"异质性"特征：第一，由于服务人员心理状态、服务技能、努力程度等自身因素，即使是同一个服务人员，其提供的服务在质量上也难免有差异；第二，消费者参与服务的准备程度、偏好等多方面的原因也会直接影响消费者接受服务的质量，例如，一同去旅游的游客，有人兴致勃勃、乐而忘返，有人却败兴而归；第三，由于服务人员与消费者相互作用，在多次购买和消费服务的过程中，即使是同一服务人员向同一消费者提供的服务也可能存在差异；第四，服务的差异性也可能由从事服务生产的时间、地点、环境等方面的差异所致，例如，进行同样的美发服务，在装修精美的理发店里和在人声嘈杂的马路边完成，消费者感受到的服务质量必然存在差异。

6. 不涉及所有权的转移

服务产品无形且不可储存，交易完成就消失，消费者并不拥有实质的产品，不涉及所有权的转移。有形产品所有权的转移发生在生产之后、消费之前，而服务产品因其生产与消费同时进行，使所有权转移这一步骤消失了，消费者付出的服务费用直接转化为对自身的效用。例如，乘坐轮船从 A 地去往 B 地，当到达 B 地后，消费者拥有的只有船票，其消费的服务已在行程中接受完毕，不涉及所有权的转移。再如，客户从银行取款，交易完成一定数目的货币，这似乎是产生了所有权的转移，但实际上这笔钱的所有权一直为客户所有，银行不过是在一定时间里帮客户保存这笔钱，并利用它为自己赚取利润，实际上在接受银行存取或服务的过程中没有发生货币所有权的转移。由于购买服务不涉及实物所有权的转移，客户会因消费风险产生消费心理障碍，如何减少或杜绝消费者产生这种消费心理障碍，促进服务销售，是营销管理人员待以解决的问题。例如，企业可通过馈赠有形产品的方法减少消费者的服务消费心理障碍，也可以通过"会员制"与消费者建立长期关系，并给予某些特殊优惠，使消费者在心理上产生拥有企业所提供的服务的感受。

三、服务营销构成要素

质量、组织、知识、计划、定价、沟通和人际关系这七项内容是服务营销的关键要素，我们称为服务营销要素模型。

1. 质量

质量包括两个方面：产品质量和服务质量。在竞争激烈的专业服务领域里，良好的经营背景仅仅是进入这一行业的入场券，重要的是在与消费者打交道的过程中，消费者对你的产品和服务的认可程度。从根本上说，消费者最期待的是有服务的产品，当然理想与现实有一定的距离。那么消费者会退而求其次去期待专业的服务，并且能在产品出现问题后迅速地解决好，达到让他们满意的结果。从另一个角度看，客户同时也会评价整个服务过程，为了使市场营销获得成功，作为专业的服务提供者应该了解客户是怎样评价服务的过程与结果的。

服务质量定义有两个关键问题：第一，专业服务机构提供的服务质量水平必须高于消费者的期望值。第二，消费者对服务质量的感受才是与客户期望值直接相关的因素。所以，服务提供者必须注意那些影响消费者期望值的因素。这些因素包括专业服务人员的承诺、客户过去的经验和该服务企业的口碑。从客户的角度看，有五项因素是直接表明了服务质量的，它们是：服务提供者的可靠度、对消费者的敏感度、对消费者的承诺、敬业程度以及整体外观。

2. 组织

服务是有组织、有计划的盈利产品，服务组织的存在为客户提供了一个保障平台，组织中的任何一个人都和客户满意度有关系。如某银行，无论是营业厅的有形环境还是银行人员的工作情况都非常不错，但一进门令人感觉不大舒服的是银行的保安。他双手抱胸斜靠在银行的大门口，着装也不太整洁。显然保安的工作规范和行为有待改进。但银行方面如果抱着这保安不归银行管理，是物业企业外派的，他和银行没有关系这样的态度来对待此事，这必然会给消费者带来不好的印象。

服务机构应该致力于深层次地理解客户的需求和欲望，以创造出不但能满足客户需要而且能超越客户期望值的服务。这就要求专业服务组织掌握并使用市场营销技巧及原则，同时必须建立和创造一个以客户为中心和导向的组织结构。

3. 知识

一个严谨的市场营销计划是以信息为基础的。此时，专业的知识就显得很重要。每一个专业服务人员都必须进行全面而系统的市场调查，然后再使用所收集的信息去引导市场营销活动。比如：关注客户是谁；对客户来说，什么是重要的；客户是怎样选择专业服务机构的，是怎样评价自己和竞争对手的；该使用怎样的方式去接近客户；服务的动机和目标是什么。

4. 计划

没有哪个企业愿意浪费时间和金钱以自己的经济利益做赌注进行随意的选择。战略性计划是适应不断变化的竞争环境的一个重要工具。它致力于战略性的磨合，使组织的目标和能力与所处的不断变化的环境相适应。专业服务机构要分析内部环境、市场环境、公共环境、竞争环境以及宏观环境，然后制订周密的计划。

5. 定价

服务机构不但要开发出能吸引客户的服务，还必须进行合理的定价。因为客户评价服务的定价与物品不同。在获得服务的过程中，他们也会付出非金钱的成本。经常看到的一个笑话：一件衣服标价几十元可能几个月都无人问津，把标价改成几百元后不到一个星期就卖出去了。在客户眼中，价格在很大程度上暗示了服务质量的高低。低廉的收费，很可能给客户留下对自己不利的印象。

6. 沟通

专业服务机构的一切言行都在向消费者传递着信息，他们面临的挑战是确定向消费者传递的信息是清晰而有效的。

服务人员可使用多种不同的工具与客户沟通：广告、人员销售、促销、出版物以及直复营销。当涉及向市场传播什么内容，向谁传播，如何使传播得到巨大的效果的问题时，专业服务机构必须努力确保机构内的每一位员工都用"同一种声音"说话。

其中，对大多数专业服务机构而言，通过个人接触进行的人员销售，很可能是机构所能使用的所有销售工具中最重要的一个。通过个人接触，服务人员能够说服潜在客户并保持现有客户。

7. 人际关系

摩托罗拉副总裁弗雷德·加伯德提出人际关系类似于自行车的后轮，具体指有耐心、有礼貌，能设身处地地为别人着想，有良好的沟通技巧，友善。大部分人能享受和他人在一起的快乐，并渴望拥有和他人交往的能力。专业服务机构和它的客户之间深厚的业务关系对双方都是有益的，并且都可以简化彼此的工作。深厚和有意义的关系使双方不必再继续寻找、评估、选择和发展新的业务类型，由此简化了双方的工作程序。

第二节　绿色营销

企业的可持续发展是随着现代企业经营环境的变化而实现的。新世纪的企业经营环境，体现出两个明显的特点：一是环境污染与资源紧缺；二是世界范围内的"绿色浪潮"冲击。企业如何适应这种经营环境，是我们面临的重要课题。根据现代营销的基本原理，有新的需求，就有新的机会。"绿色浪潮"虽然给企业带来了压力和冲击，但同时也带来了许多新的机会，谁能率先发现并有效地利用它满足人们的绿色需求，谁就掌握了主动权。因此现代企业必须树立新的经营观念。事实证明实施绿色营销是捕捉"绿色机会"的一种有效手段。传统的营销，其重点是放在企业、消费者与竞争者三者的关系上，虽然它重视企业利益同消费者及社会长远利益的结合，但却并未重视社会的可持续发展；而绿色营销则考虑企业营销活动同自然环境的关系，并突破国家和地区的界限，关注全球环境，关注企业及社会的可持续发展。

一、绿色营销的含义

英国威尔士大学肯·毕提教授在其所著的《绿色营销——化危机为商机的经营趋势》一书中指出："绿色营销是一种能辨识预期及符合消费的社会需求，并且可带来利润及永续经营的管理过程。"绿色营销观念认为，企业在营销活动中，要顺应时代可持续发展战略的要求，注重地球生态环境保护，促进经济与生态环境协调发展，以实现企业利益、消费者利益、社会利益及生态环境利益的协调统一。从这些界定中可知，绿色营销是以满足消费者和经营者的共同利益为目的的社会绿色需求管理，以保护生态环境为宗旨的绿色市场营销模式。

绿色营销是适应新时期的消费需求而产生的一种新型营销理念，也就是说，绿色营销还不可能脱离原有的营销理论基础。因此，绿色营销模式的制订和方案的选择及相关资源的整合还无法也不能脱离原有的营销理论基础，可以说绿色营销是在人们追求健康、安全、环保的意识形态下所发展起来的新的营销方式和方法。经济发达国家的绿色营销发展过程已经基本上形成了以绿色需求—绿色研发—绿色生产—绿色产品—绿色价格—绿色市场开发—绿色消费为主线的消费 链条。

二、绿色营销的特征

1. 绿色营销具有鲜明的绿色标记

绿色营销与其他营销方式根本的不同之处就是企业在市场调查、产品开发、分销和售后服务等活动过程中都和维护生态平衡、重视环境保护、提高人们的生活质量和情趣的"绿色"观念紧紧相扣，并将其贯穿于营销活动的始终，从而使营销带上了鲜明的"绿色"标记。

2. 绿色营销是人类建立可持续发展社会新思想的产物

环境的污染和资源的减少威胁到人类的生存，这促使人们重新审视过去，社会经济的发展方式决定由粗放型经营转向集约型经营，追求人与自然的和谐，走可持续发展道路。绿色营销以满足绿色需求为中心，为消费者提供生产、流通、消费过程中能有效防止资源浪费、环境污染及损害健康的产品。绿色营销所追求的也正是人类的长远利益与可持续发展，它能够协调企业经营与自然环境的关系，实现人类行为与自然环境的融合发展。

3. 无差别性特点

尽管世界各国对绿色产品的标准不尽相同，但都是要求产品质量、产品生产、使用消费及处置等方面符合环境保护要求，对生态环境和人体健康无损害。绿色营销是着眼于社会层面的新观念，所要实现的是整个人类社会的协调发展。在竞争性的市场上，必须有完善的政治与经济管理体制，制定并实施环境保护与绿色营销的方针、政策，制约政府和企业的短期行为，以全社会和全人类的共同努力，来维护全社会和全人类的长远利益。

4.双向性特点

绿色营销不仅仅要求企业树立绿色观念、生产绿色产品、开发绿色产业，同时也要求消费者购买绿色产品，对有害产品进行抵制，树立绿色观念。消费者需求由低层次向高层次发展，是不可逆转的客观规律，绿色消费是较高层次的消费观念。

三、绿色产品和绿色营销的策略

营销理论的发展已经给大家一个共识：营销从采购开始。绿色营销的开端更是要从源头抓起。只有这样，才能保证绿色产品供应链的有效运转，最终实现绿色消费，达到保护生态环境并减少污染的目的。

首先，绿色产品设计成为重中之重。要求采取绿色营销的企业从材料的选购、产品结构、功能性能、设计理念、制造过程方面层层把关，加强生态、环保、节能、资源利用等方面的控制与遴选，确保绿色消费的达成。除此之外，在产品的包装、运输、储存及使用、废弃物的处理等方面都要考虑各种有可能受到影响的绿色因素。

其次，绿色产品讲究综合成果。即绿色产品要能够体现健康、安全、环保，体现对社会的一种责任意识，将原本属于社会职能的内容考虑进企业的经营管理当中，并认真负责地承担起解决这些社会问题的义务。

实施绿色营销战略是与企业的长期发展规划和战略分不开的。企业对于绿色营销的实施和开展必须要有充足的准备，以便为绿色营销提供必要的条件。这些都要求企业在深入地进行目标市场调研的基础之上，将企业产品和品牌进行合理的市场定位，分析潜在市场容量和潜在消费者购买能力，对绿色营销资源有效整合，发挥绿色营销独特的作用，扬长避短，实现绿色营销的综合效益最大化。

针对绿色营销的战略意义，要求企业有一个明确的绿色发展计划，作为绿色营销计划的实施基础。其中应该详细表述产品绿色发展周期、绿色品牌实施计划、绿色产品研发计划、绿色营销推广计划、绿色营销服务通道计划、绿色商流物流价值流计划、绿色营销管理方案等绿色计划。

另外，企业在实施绿色营销前，要对企业实行绿色营销的过程管理、人力资源管理、资金流和价值流的管理进行系统的计划，确保营销过程中各种资源适时有效整合，推动整个绿色营销进程的实施，为最终实现各种利益体的共赢打下坚实基础。

第三节 网络营销

一、网络营销的产生与发展

网络营销是以现代电子技术和通信技术的应用与发展为基础，与市场的变革、竞争以及营销观念的转变密切相关的一门新学科。网络营销相对于传统的市场营销在许多方面都具有明显的优势，它是一场营销观念的革命。

20世纪90年代初，互联网的飞速发展在全球范围内掀起了互联网应用热潮，世界各大企业纷纷利用互联网提供信息服务和拓展企业的业务范围，并且按照互联网的特点积极改组企业内部结构和探索新的营销管理方法，网络营销诞生。

网络营销的出现为企业提供了适应全球网络技术发展与信息网络社会变革的新技术和新手段，是现代企业走入新世纪的营销策略。网络营销的产生有其在特定条件下的技术基础、观念基础和现实基础，是多种因素综合作用的结果。具体地分析其产生的根源可以更好地理解网络营销的本质。

（一）互联网的发展是网络营销产生的技术基础

互联网络起源于1969年。在加利福尼亚大学洛杉矶分校的计算机实验室里6名科学家首次将一台计算机与远在千里之外的斯坦福研究所的另一台计算机联通，宣布了网络时代的到来。1974年，计算机网络已拥有100多个站点。再后来的发展就是爆炸性的，据统计，2017年全球近47%的人口每个月至少使用一次互联网，年增幅为6.1%。其中利用互联网进行商业交易的网络消费人数超过20亿。

互联网是一种集通信技术、信息技术、时间技术为一体的网络系统。其形式并非来源于全球性的系统规划，它之所以有今天的规模得益于其本身的特点：开放、分享与价格低廉。在互联网上任何人都可以享有创作发挥的自由，所有信息的流动皆不受限制，网络的运作可由使用者自由地连接，任何人都可加入互联网，因此网络上的信息资源是共享的。互联网从学术交流时就开创了免费的先河，当商业化后各网络服务商也只能采取低价策略，这些因素促使了互联网的蓬勃发展。

互联网上各种各样的服务体现出连接、传输、互动、存取各类形式信息的功能，使得互联网具备了商业交易与互动沟通的能力。企业利用互联网开展经营活动，显示出越来越多的区别于传统营销模式的优势。以互联网为技术基础的网络营销产生已是社会经济发展的必然。

（二）消费者价值观的改变是网络营销产生的观念基础

满足消费者的需求是市场营销的核心。随着科技的发展、社会的进步、文明程度的提高，消费者的观念也在不断地变化，这为建立在互联网基础上的网络营销提供了普及的可能，这些观念变化可概括为：

1. 个性消费的回归

消费者以个人心理愿望为基础挑选和购买商品或服务，心理上的认同感是做出购买决策的先决条件，以千姿百态的商品供应为基础的单独享有成为社会时尚。

2. 消费主动性的增强

由于商品生产的日益细化和专业化，消费者购买的风险感随选择的增多而上升。消费者会主动通过各种途径获取与商品有关的信息并进行分析比较以减少购买失误的可能。

3. 对购物方便性的追求

由于现代人工作负荷较重，消费者希望购物方便，时间和精力支出尽量节省。特别是对某些品牌的消费品已经形成固定偏好的消费者，这一需要尤为重要。

4. 对购物乐趣的追求

现代人的生活丰富多彩，购物活动不仅是消费需要也是心理需要，很多消费者以购物为生活内容从中获得享受。

5. 价格仍然是影响购买的重要因素

虽然现代市场营销倾向于以各种策略来削减消费者对价格的敏感度，避免恶性价格竞争，但价格始终对消费者产生重要的影响。只要价格削减的幅度超过消费者的心理预期，难免会影响消费者既定的购物原则。

以上这些消费者观念的改变是人们普遍接受网络营销的重要基础。

（三）激烈的市场竞争是网络营销产生的现实基础

当今的市场竞争日趋激烈，企业为了取得竞争优势想方设法地吸引消费者。传统的营销已经很难用新颖独特的方法来帮助企业在竞争中出奇制胜了，市场竞争已不再依靠表层的营销手段，经营者迫切需要用更深层次的方法和理念来武装自己。

网络营销的产生给企业的经营者带来了福音，可谓一举多得。企业开展网络营销可以节约昂贵的店面租金，可以减少库存商品的资金占用，可以使经营规模不受场地限制，可以方便地采集客户信息等。这些长处使得企业经营的成本和费用降低，运作周期变短，从根本上提高了企业的竞争力。

二、网络营销的内涵与特征

（一）网络营销的内涵

网络营销是直销的最新形式，是由互联网替代了传统媒介，其实质是利用互联网对产品的售前、售中、售后等环节进行跟踪服务，它自始至终贯穿于企业经营的全过程，包括市场调查、客户分析、产品开发、销售策略、信息反馈等方面。总的来说网络营销就是企业整体营销战略的一个组成部分，它是借助互联网、计算机通信技术和数字交互式媒体来满足客户需求，实现企业营销目标的一系列营销活动。简单地说，网络营销就是以互联网为主要手段进行的，为达到一定营销目的的营销活动。

（二）网络营销的特点

市场营销中最重要也最本质的是在组织和个人之间进行信息的广泛传播和有效交换。如果没有信息的交换，任何交易都会变成无源之水。互联网技术发展的成熟以及互联网的方便性和低廉的成本，使得任何企业和个人都可以很容易地将自己的计算机连接到互联网上。遍布全球的各种企业、团体、组织以及个人通过网络跨时空地联结在一起，使得相互之间信息的交换变得"得心应手"。因为互联网具有营销所要求的某些特性，使得网络营销呈现出以下一些特点：

1.跨时空

通过网络能够超越时间约束和空间限制进行信息交换，因此使得脱离时空限制达成交易成为可能，企业能有更多的时间、在更大的空间中进行营销，每周 7 天，每天 24 小时，随时随地向消费者提供全球性的营销服务，以达到尽可能多地占有市场份额的目的。

2.多媒体

通过互联网可以传输文字、声音、图像等多种媒介的信息，从而使为达成交易而进行的信息交换有更多种形式，能够充分发挥营销人员的创造性和能动性。

3.成长性

随着网络的普及，网民数量的飞速增长，同时上网者中大部分是年轻的、具有较高收入和高教育水平的人，由于这部分群体的购买力强，而且具有很强的市场影响力，因此网络营销是一个极具开发潜力的市场渠道。

4. 整合性

在互联网络上开展的营销活动，可以完成从商品信息的发布到交易到售后服务的全部工作，这是一种全程式的营销渠道。同时，企业可以借助互联网将不同的传播营销活动进行统一的设计规划和协调实施，通过统一的资讯传播方式向消费者传达信息，从而可以避免因不同传播渠道中的信息不一致而产生的消极影响。

5. 经济性

网络营销使交易双方以通过互联网进行交易的方式代替传统的面对面的交易方式，可以减少印刷与邮递成本；采用无店面销售而免交房屋租金，节约水电与人工等销售成本，同时也减少了由于多次交换带来的损耗，提高了交易的效率。

6. 技术性

建立在以高技术作为支撑的以互联网为基础的网络营销，使企业在实施网络营销时必须有一定的技术投入和技术支持，必须改变企业传统的组织形态，提升信息管理部门的功能，引进懂营销与电脑技术的复合型人才，方能具备和增强本企业在网络市场上的竞争优势。

7. 超前性

互联网是一种功能强大的营销工具，它同时兼具渠道、促销、电子交易、互动、服务以及市场信息分析与提供的多种功能。它所具备的一对一营销能力，正是符合定制营销与直复营销的未来趋势。

8. 高效性

计算机可储存大量的信息，可传送的信息数量与精确度，远超过其他媒体，并能应市场需求及时更新产品或调整价格，因此能及时有效地了解并满足消费者的需求。

9. 交互式

借助互联网可以展示商品图像，为商品信息资料库提供有关的查询来实现供需互动与双向沟通，还可以进行产品测试与消费者满意调查等活动。

互联网为产品联合设计、商品信息发布以及各项技术服务提供最佳工具。

10. 个性化

互联网上的促销是一对一的、理性的、消费者主导的、非强迫性的、循序渐进式的，而且是一种低成本与人性化的促销，避免推销员强势推销的干扰，并通过信息提供与交互式交谈，与消费者建立长期良好的关系。

三、网络营销与传统营销的区别与联系

网络营销可视为一种新兴的营销渠道，它并非一定要取代传统的渠道，而是利用信息技术的发展，来创新与重组营销渠道。不论是传统营销还是网络营销，营销的目标都是使消费者的需要和欲望得到满足，网络营销只不过是借助互联网络、电脑通信和数字交互式媒体的力量来实现这一目标。网络营销和传统营销两者之间既有区别又有联系。

（一）网上营销与传统营销的区别

传统的以 4P 理论为典型代表的营销理论的经济学基础是厂商理论，即利润最大化。所以 4P 理论的基本出发点是企业的利润，而没有把消费者的需求放到与企业的利润同等重要的位置上，它指导的营销决策是一条单向的链。而网络互动的特性使得消费者能够真正参与到整个营销过程中来，消费者不仅参与的主动性增强，而且选择的主动性也得到加强，在满足个性化消费需求的驱动之下，企业必须严格地执行以消费者需求为出发点、以满足消费者需求为归宿的现代市场营销思想。据此，以舒尔兹教授为首的一批营销学者从顾客需求的角度出发研究市场营销理论，提出了 4C 组合。其要点是：

（1）先不急于制订产品策略，而以研究消费者的需求和欲望为中心，卖消费者想购买的产品。而传统营销关注的是产品本身的质量和包装等。

（2）暂时把定价策略放到一边，而研究消费者为满足其需求所愿付出的成本。而传统营销关注的是价格，包括价格的设定，同行业定价及市场变化等。

（3）忘掉渠道策略，着重考虑怎样让消费者方便地购买到商品。而传统营销关注的是产品的铺货和渠道建设等。

（4）抛开促销策略，着重于加强与消费者的沟通和交流。而传统营销注重的是促销手段与方式方法等。

也就是说4P反映的是销售者关于能影响购买者的营销工具的观点。从购买者的观点来看，网络营销的每一种营销工具都是为了传递顾客利益。也就是说企业关于4P的每一个决策都应该给消费者带来价值，否则这个决策即使能达到利润最大化的目的也没有任何用处，因为消费者在有很多商品选择余地的情况下，他不会选择对自己没有价值或价值很小的商品。

（二）网络营销与传统营销的联系

网络营销虽然以新的媒体、新的方式、方法和理念实施营销活动，但它脱胎于传统营销，两者有着不可分割的联系。一是两者有着相同的目标，都是使消费者的需要和欲望得到满足，只不过借助于网络，网上营销更容易，也能更好地实现营销的这一目标。二是网络营销的基本要素仍然是产品、价格、促销和分销渠道四个方面，虽然这四个要素的内容有较大的变化，但是两者并行不悖，谁也无法取代谁，而且往往两者互相配合，如网络营销手段可为传统商务服务，传统营销手段也可为网上的电子商务服务，这种相互促进的作用正好说明了这一点。

四、网络营销基本理论

网络营销理论基础主要包括网络整合营销理论、软营销理论、直复营销理论、网络关系营销理论等。

（一）网络整合营销理论

网络整合营销传播是20世纪90年代以来在西方风行的营销理念和方法。它与"以产品为中心"的传统营销相比，更强调"以客户为中心"。它强调营销即是传播，即和客户多渠道沟通，和客户建立起品牌关系。

网络整合营销理论就是以整合企业内外部所有资源为手段，重组再造企业的生产行为与市场行为，充分调动一切积极因素，以实现企业全面的一致化营销，简言之，就是一体化营销。

其基本思路是以整合为中心，讲求系统化管理，强调协调与统一，注重规模化与现代化。

（二）软营销理论

软营销理论是相对强势营销而言。该理论认为消费者在购买产品时，不仅满足基本的生理需要，还满足高层次的精神和心理需求。因此，软营销理论的一个主要特征是对网络礼仪的遵循，通过对网络礼仪的巧妙运用获得希望的营销效果。

网络社区和网络礼仪是网络营销理论中所特有的两个重要基本概念，是实施网络软营销的基本出发点。

网络社区是指那些具有相同兴趣、目的，经常交流，互惠互利，能给每个成员以安全感和身份意识等特征的互联网上的单位或个人所组成的团体。

网络礼仪是互联网自诞生以来逐步形成并不断完善的一套良好的、不成文的网络行为规范，如不在网上随意传递带有欺骗性质的邮件等。网络礼仪是网上一切行为都必须遵循的准则。

（三）直复营销理论

直复营销理论是 20 世纪 80 年代引人注意的一个概念。美国直复营销协会对其所下的定义是："一种为了在任何地方产生可度量的反应和达成交易所使用的一种或多种广告媒体的相互作用的市场营销体系。"直复营销理论的关键在于它说明网络营销是可测试的、可度量的、可评价的，这就从根本上解决了传统营销效果评价的困难性，为更科学的营销决策提供了依据。基于互联网的直复营销更加符合直复营销的理念，这表现在四个方面：

（1）直复营销作为一种相互作用的体系，特别强调直复营销者与目标消费者之间的双向信息交流，以克服传统市场营销中的担心，消除信息交流中的营销者和消费者之间无法沟通的致命弱点。

（2）直复营销活动的关键是为每个目标消费者提供直接向营销人员反映的渠道，企业可以凭借消费者反映找到不足，为下一次直复营销活动做好准备。

（3）直复营销活动强调在任何时间、任何地点都可以实现与消费者的信息双向交流。

（4）直复营销活动最重要的特性是直复营销活动的效果是可测定的。

（四）网络关系营销理论

关系营销是 1990 年以来受到重视的营销理论，它包括两个基本点：

（1）在宏观上认识到市场营销会对范围很广的多个领域产生影响，包括消费者市场、劳动力市场、供应市场、内部市场、相关者市场及影响者市场；在微观上认识到企业与消费者的关系不断变化，市场营销的核心应该从过去简单的一次性交易关系转变为注重长期的关系上来。

（2）企业是社会经济大系统中的一个子系统，企业的营销目标要受到众多外在因素的影响，企业的营销活动是一个与消费者、竞争者、供应商、分销商、政府机关和社会组织发生相互作用的过程，正确理解这些关系是企业营销的核心，也是企业成败的关键。

关系营销的核心是为消费者提供高度满意的产品和服务，通过加强与消费者的联系，提供有效的消费者服务，保持与消费者的长期关系，并在与消费者保持长期关系的基础上开展营销活动，实现企业的营销目标。

通过互联网交易，企业可以实现对从产品质量、服务质量到交易服务等过程全程质量的控制。通过互联网还可以实现与相关的企业和组织建立关系，实现双赢发展。

五、网络营销的方法

网络营销的方法很多，我们主要介绍当前企业常用的几种营销手段：搜索引擎营销、电子邮件营销、病毒营销、微营销和 IM 营销。

（一）搜索引擎营销

搜索引擎营销分两种：SEO（Search Engine Optimization）即搜索引擎优化，是通过对网站结构（内部连接结构、网站物理结构、网站逻辑结构）、高质量的网站主题内容、丰富而有价值的相关性外部链接进行优化而使网站对用户及搜索引擎更加友好，以获得在搜索引擎上的优势排名为网站引入流量。

PPC（Pay Per Click）即点击付费广告，是指购买搜索结果页上的广告位来实现营销目的，各大搜索引擎都推出了自己的广告体系，只是形式不同而已。搜索引擎广告的优势具有相关性，由于广告只出现在相关搜索结果或相关主题网页中，因此，搜索引擎广告比传统广告更加有效，客户转化率更高。

（二）电子邮件营销

电子邮件营销是以订阅的方式将行业及产品信息通过电子邮件的方式提供给所需要的用户，以此建立与用户之间的信任与信赖关系。

大多数企业及网站都已经利用电子邮件营销的方式。毕竟邮件已经是互联网基础应用的服务之一。开展邮件营销需要解决三个基本问题：向哪些用户发送电子邮件、发送什么内容的电子邮件以及如何发送这些邮件。邮件营销的优势：精准直效，个性化定制，信息丰富、全面，具备追踪分析能力。

（三）病毒营销

病毒营销（Viral Marketing，又称病毒式营销、病毒性营销、基因营销或核爆式营销），是利用公众的积极性和人际网络，让营销信息像病毒一样传播和扩散，营销信息被快速复制传向数以万计、数以百万计的观众，它能够像病毒一样深入人脑，快速复制，迅速传播，将信息短时间内传向更多的受众。病毒营销是一种常见的网络营销方法，常用于进行网站推广、品牌推广等。

也就是说，病毒营销是通过提供有价值的产品或服务，"让大家告诉大家"，通过别人为你宣传，实现"营销杠杆"的作用。病毒营销已经成为网络营销最为独特的手段，被越来越多的商家和网站成功利用。病毒营销也可以称为是口碑营销的一种，它是利用群体之间的传播，从而让人们建立起对服务和产品的了解。

（四）微营销

微营销是以营销战略转型为基础，通过企业营销策划、品牌策划、运营策划、销售方法与策略，注重每一个细节的实现，通过传统方式与互联网思维实现营销新突破。

微营销是传统营销与现代网络营销的结合体，在互联网使用中存在有线网络和无线网络；无线网络营销即移动互联网营销，就是不用网线连接，用无线技术连接网络而已。微营销不是微信营销，微信营销是微营销的一个组成部分。微博、微信、微信公众平台、微网站、APP应用软件同时组合在一起也不是微营销，它们都是实现微营销的一个工具或方法的一部分。

（五）IM营销

IM营销又叫即时通信营销（Instant Messaging），是企业通过即时工具IM帮助企业推广产品和品牌的一种手段，常用的主要有以下两种情况：

第一种，网络在线交流。中小企业建立了网店或者企业相关的网站一般会有即时通信在线，这样潜在的客户如果对产品或者服务感兴趣，自然会主动和在线的商家联系。

第二种，广告。中小企业可以通过IM营销通信工具，发布一些产品信息、促销信息，也可以通过图片发布一些网友喜闻乐见的表情，同时加上企业要宣传的标志。

六、网络营销与传统营销的整合

（一）网络营销对传统营销的冲击

在网络营销里，人员推销、市场调查、广告促销、经销代理等传统营销手法将与网络相结合，并充分运用网上网下的各项资源，形成以最低成本投入、获得最大市场销售量的新型营销模式，这给一些主要依赖传统营销模式的企业带来了很大的冲击。

1. 对标准化产品的冲击

作为一种新兴传播手段，互联网可以在全球范围内进行市场调研，通过互联网厂商可以迅速获得关于产品概念和广告效果测试的反馈信息，也可以测试客户的不同认同水平，从而更加容易地对消费者行为方式和偏好进行跟踪。在网络营销里，对不同的消费者可以提供不同的商品。

美国亚马逊书店把即将出版的书的某些章节用各种语言上传到互联网上，以便全球范围的访问者试读。样品章节中包含有与作者及其他相关材料有关的信息，这样，当来自全球的访问者在试读之后产生对本书的需求与意见反馈时，它可将材料翻译成访问者的当地语言以符合其当地化的需求。这种客户化方式的驱动力是最终消费者，而非按惯例由国外分销商的兴趣决定。同时，互联网的新型沟通能力又加速了这种趋势。因此，怎样更有效地满足消费者个性化的需求是每个企业面临的一大挑战。

2. 对营销渠道的冲击

通过互联网，中间商的作用将被改变。生产商可与最终用户直接联系，中间商的重要性因此而有所降低。这造成两种后果：一是由跨国企业所建立的传统的国际分销网络对小竞争者造成的进入障碍将明显降低；二是由于目前直接通过互联网进行产品销售的生产商来说，其售后服务工作是由各分销商承担，但随着他们代理销售利润的消失，分销商将很有可能不再承担这些工作。所以在不破坏现存渠道的情况下，如何提供这些服务将是网上企业不得不面对的又一问题。

3. 对营销策略的冲击

对营销策略的冲击主要是对定价、品牌和广告策略的冲击。

（1）网络营销对定价策略的冲击。如果某种产品的价格标准不统一或经常改变，客户很快会通过互联网认识到这种价格差异，并可能因此导致客户的不满。所以，相对于目前的各种媒体来说，互联网先进的网络浏览器可以随时读取服务器中的数据，会使变化不定的且存在差异的价格水平趋于一致。这将对分销商分布海外并在各地采取不同价格的企业产生巨大冲击，价格折扣的不同会使世界各地的互联网用户和那些通过分销商或本来并不需要折扣的业务受到影响。通过互联网搜索特定产品的代理商也将认识到价格差别，从而加剧了价格歧视的不利影响。这对于执行差别化定价策略的企业来说是一个严重问题。

（2）网络营销对品牌全球化管理策略的冲击。与现实企业的单品牌与多品牌的决策相同，对网络企业的一个主要挑战是如何对全球品牌和共同的名称或标识进行管理。就实行情况来看，企业由于下列情况的存在而拥有多个节点：只有一个品牌的企业允许地方性机构根据需要发展自己的节点；各品牌分别有明显不同的市场和形象，企业为每一个品牌单独设置节点。这样，多个节点分别以不同的格式、形象、信息和内容进行沟通时，在给消费者带来便利的同时也会引起消费者的困惑。另一方面，如果为所有品牌设置统一节点，虽然可以利用知名品牌的信用带动相关产品的销售，但也有可能由于某种品牌的不足导致全局受损。实行单一节点策略还是实行多节点策略以及如何加强节点管理是网络营销企业面临的现实问题。

（3）网络营销对广告策略的冲击。通过网络营销，我们可以消除很多广告障碍。首先，相对于传统媒体来说，由于网络空间具有无限扩展性，因此在网络上做广告可以较少地受到空间篇幅的局限，尽可能地将必要的信息一一罗列。其次，迅速提高的广告效率也为网上企业创造了便利条件。如有些企业可以根据其注册用户的购买行为很快地改变向访问者发送的广告；有些企业可根据访问者特性如硬件平台、域名或访问时搜索主题等信息有选择地显示广告。总之，网络营销都将降低跨国企业所拥有的规模经济的竞争优势，从而使小企业更易于在全球范围内参与竞争。

4.对传统营销方式的冲击

随着网络技术迅速向宽带化、智能化、个人化方向发展，网民可以在更广阔的领域内实现声、图、像、文一体化的多维信息共享和人机互动功能，"个人化"把"服务到家庭"推向了"服务到个人"。正是这种发展使得传统营销方式发生了革命性的变化。甚至以每一个用户的需求来组织生产和销售。

5.企业组织的重整

互联网相继带动企业内部网的蓬勃发展，使得企业内外部沟通与经营管理均需要依赖网络作为上网的渠道与信息源。它带来的影响包括：业务人员与直销人员减少、组织层次减少、经销代理与分店门市数量减少、渠道缩短，虚拟经销商、虚拟门市、虚拟部门等企业内外部虚拟组织盛行。这些影响与变化，都将促使企业对于组织再造工程需要变得更加迫切。

企业内部网络的兴起，改变了企业内部作业方式以及员工学习的方式，工作者的独立性与专业性将进一步提升。因此，个人工作室、在家上班、弹性上班、委托外包、分享业务资源等行为，在未来将会十分普遍，也使企业组织重整成为必要。这样就给那些努力将其全球业务转换到这种新媒体的企业提出了特别严峻的组织性挑战。

（二）网络营销的劣势

尽管网络飞速发展并不断普及，但网络营销要完全替代传统营销，还为时尚早，这主要是由于以下几方面的因素：

（1）消费是一种行为，而不仅仅是一种商业活动，从心理学的角度看，对于消费行为至少有两种动机，一种是并不是为了购买，而是为了享受消费的过程，这种动机的消费者则是把整个挑选、试货等过程看作是一种享受，不会愿意把这个过程缩短。另一种则是真的产生了购买的需要，这种情况只要能够及时地使消费者安全地得到该需要就可以，这种动机的需要可以被网络满足。但传统营销过程中的优点是网络营销所无法取代的。

（2）消费者购物往往有眼见为实的心理，在商品的挑选上，传统营销与网络营销相比有更多的自主性，消费者到商场购物，常常会对所需商品的各方面进行辨别，确定它是否符合自己的需要。这种选择是完全自主的，可以了解到想知道的几乎所有的信息，但网络营销的方式是虚拟的。消费者从网上对商品的了解程度，在于营销人员输入到网络中的信息量，有些信息如商品的质量、质地、重量、大小等，不一定会在网上全部介绍。因为网络营销环境具有虚拟性的特点，因此消费者在购买某些商品时，有一种不踏实的感觉。即使消费者亲临商场购物都怕会购买到假冒伪劣产品，更何况在网上。所以，对有的产品，企业完全用网络营销取代传统营销，并不能取得预期的效果。

（3）网络营销还要面对许多传统领域无法体会的问题，网络给人们带来种种便利，同时也带给人们更多的烦恼。尽管电子商务日趋普及和完善，但网络依然存在一些安全的问题。网上交易，首先要防黑客，还要防诈骗，尤其是 C2C 方面，网络欺诈行为比较严重。国内一些电子商务站点还存在一些安全漏洞，攻击者可以轻易盗取用户账号和交易密码，并可使用用户资金进行网上交易。

（三）传统营销是网络营销的基础

网络营销作为一种新的营销方式或技术手段，是营销活动中的一个组成部分。如果想通过网络手段产生价值，必须将网络营销与传统的企业营销方式结合起来，在多大程度上节省了成本和促成了价值生成，也就是产生了多大的价值。否则，仅靠一个信息手段来做商务必将因为对行业不了解和资源缺乏而失败。网络营销与传统营销相比，既有相同之处，又有其显著的差异。消费者的需求是多样的，尽管网络购物很方便，但并不是对所有的消费者都具有同等的诱惑力。传统营销和网络营销之间没有严格界限。网络营销理论也不可能脱离传统营销理论基础，网络营销与传统营销都是企业的一种经营活动，且都需要通过组合运用来发挥功效，而不是单靠某一种手段就能够达到理想的目的。两者都把满足消费者的需要作为一切活动的出发点。网络营销环境下"4P"理论被发展演变为"4C"模式，随着网络营销的发展，"C"的数量还可能会不断增加。但是，如果忽略对"P"的重视，"C"也就无从谈起。现代企业应清楚地看到，无论用什么手段开展营销，首要的问题是要了解自己的顾客和潜在顾客的需求，然后采取一定的措施满足用户要求。我们必须明白一个前提，那就是互联网实际上是一种信息中介，互联网不能完全取代传统的行为模式。大量的交易还是要通过离线方式进行，网络只是一种营销手段，而不是营销活动的全部。网络经济的主体是利用互联网提供的便利大幅度降低交易成本和向消费者提供更好的服务的传统企业。研制、生产、销售或提供互联网技术改造价值链，降低生产成本和交易费用，互联网经济才能有足够的支撑。

参考文献

［1］菲利普·科特勒. 市场营销：原理与实践［M］. 北京：中国人民大学出版社，2015.

［2］吴健安，聂元昆. 市场营销学［M］. 北京：高等教育出版社，2016.

［3］朱雪芹，成爱武. 国际市场营销学［M］. 北京：机械工业出版社，2017.

［4］宫春艳. 市场营销学［M］. 成都：西南财经大学出版社，2016.

［5］肖涧松. 现代市场营销学［M］. 北京：高等教育出版社，2017.

［6］熊国钺，元明顺，吴泗宗. 市场营销学［M］. 北京：清华大学出版社，2017.

［7］黎开莉，徐大佑. 市场营销学［M］. 大连：东北财经大学出版社，2017.

［8］张静，孟艳辉，刘文君. 市场营销理论与实务—项目教程[M].北京：现代教育出版社，2015.

［9］宁德煌. 市场营销学［M］. 北京：高等教育出版社，2016.

［10］孙亚洲，兰秀建，李留法. 市场营销理论与实务［M］. 北京：中国人民大学出版社，2017.

［11］王枝茂，赵爱威. 市场营销基础［M］. 北京：中国人民大学出版社，2017.

［12］金若沙. 市场营销岗位综合实训［M］. 北京：中国人民大学出版社，2016.